D1726787

„Was?" rufen Robinson
und ich entsetzt.
„Mit einem fremden Schiff?
Wohin denn?
Nie mehr auf die gute ‚Galata'?
Das gibt's doch gar nicht!"

INGEBORG GLUPP

Jan Billbusch

Nach der gleichnamigen Fernsehserie
„Jan Billbusch" von Rainer Erler,
produziert von der Bavaria Atelier GmbH,
München-Geiselgasteig

 Schneider-
Buch

Nach der Fernsehserie
„Jan Billbusch"
von Rainer Erler,
produziert von der
Bavaria Atelier GmbH,
München-Geiselgasteig,
in Zusammenarbeit mit der
Reederei Hamburg-Süd
Fotos: Rainer Erler
Illustration:
Werner Heymann
Bildredaktion: Gudrun Zech
Textredaktion:
Ilko Lehmann
Herstellung:
Manfred Prochnow
Korrektur: Fred Wachtveitl
Schrift: 10/12 Garamond
Druck: A. Huber, München
Bestell-Nummer: 3723
© 1972 Franz Schneider Verlag
München - Wien
ISBN 3 505 03723 0

Inhalt

Die erste Ausfahrt

Noch zwei Schuppen, dann das Bahngleis, dann der Kai. Das Wasser schwappt trübe gegen die ummauerten Landspitzen, zwischen denen Frachtschiffe ankern.

Tyfon-tutend ziehen die großen Pötte auf der Elbe dahin, an ihren Flanken gleiten manchmal Polizei- oder Zollboote pfeilschnell vorbei.

Endlich bin ich im India-Hafen vor den Schuppen 52 und 53. Ich bleibe stehen. Stelle meinen Koffer ab und werfe meinen Seesack auf den Boden. Ich hole tief Luft.

Dort unten liegt mein Schiff.

Die „Galata", Baujahr 52, 115 Meter lang, 4600 Bruttoregistertonnen. Ein Schiff in seinen besten Jahren, dauernd auf Weltreise, im Levante-Dienst, also im östlichen Mittelmeer.

9

Gerade eingelaufen in Hamburg, noch vor einer Stunde vorbei am Willkommhöft Schulau. Dort erklangen einige Takte aus dem „Fliegenden Holländer". Die drei hochgehenden Flaggen der Schiffsbegrüßungs-Anlage hießen die „Galata" willkommen. Das Schiff möwenumschwärmt, vollgeladen bis zum Rand mit fremden Schätzen: Asbest aus Zypern, Tabak aus Saloniki, Rosinen aus Izmir, Fruchtkonserven, Gewürze, Oliven und einige hundert Sack Zwiebeln.

Ich spüre, wie mein Herz heftig pocht. Einen Augenblick lang habe ich sogar wackelige Knie. Ich sehe auf die „Galata", die mein Schiff sein wird in den nächsten Wochen und die mich nach Griechenland bringen wird oder nach Nordafrika oder nach Südamerika oder sonstwohin — Hauptsache: weg! Weg von meiner Heimatstadt, weg von zu Hause, weg von den alten Gewohnheiten und hinein in ein neues Leben, in eine andere Welt, ins große Abenteuer!

Ich schwinge meinen Seesack auf die Schulter, greife nach meinem Koffer. Ich gehe zum Kai und auf mein Schiff zu. Dies sind meine letzten Schritte an Land. Von der Sekunde an, in der ich die „Galata" betrete, gehöre ich zum Schiffspersonal. Habe ich angeheuert. Gelte ich als Moses – als der Kleinste, der Jüngste, der Neueste an Bord.

Aber eines Tages werde ich Kapitän sein. Auf irgendeiner „Galata". Auf irgendeinem weiten, schönen, wilden Meer.

Irgendwo in der Ferne. Eines Tages. Bald, wenn ich mir Mühe gebe.

Und ich werde mir Mühe geben.

Ich, Jan Billbusch, gerade siebzehn Jahre alt.

Tja, da stehe ich nun auf dem Achterdeck der „Galata",
und um mich herum herrscht Getümmel. Wer nicht alle
Hände voll zu tun hat, der macht sich landfein und sieht
zu, daß er von Bord kommt. Und ich stehe mittendrin in
dem Trubel, und keiner kümmert sich um mich.

Nach einer Weile wird mir das zu dumm, und ich spre-
che einfach einen vorübergehenden Matrosen an. „Wo ist
denn hier der Kapitän . . .?"

Der Matrose zuckt nur die Schultern, deutet in ungewisse Richtungen und macht, daß er weiterkommt. Gerade will ich auf eigene Faust auf Kapitänssuche gehen,
da tritt mir jemand in den Weg. Der Bootsmann. „Na,
Junge? Du bist doch sicher unser neuer Moses, was? Zeig
mal dein Seemannsbuch!"

Ich halt's ihm unter die Nase, der Bootsmann blättert
darin, und dann geht die Fragerei auch schon los.

„Was macht dein Vater beruflich?"

„Städtischer Angestellter."

„Und wat willst du denn da auf See?"

„Das ist schwierig zu beantworten", antworte ich
wahrheitsgemäß. Darauf gäbe es viele Antworten.

„Na, irgendwas mußt du dir doch dabei gedacht haben,
oder?"

„Schon! Ich will hier einfach mal raus."

„Na, schön — denn komm mal mit, min Jung."

Ich nehme meine Klamotten auf und folge dem Bootsmann quer übers Deck. Eine schmale Treppe hinunter,
einen langen Gang entlang, in eine enge Kammer mit zwei
Schlafkojen. Oben liegt schon einer drin und schmökert
in einem Krimi.

„Das ist Walter, unser Messejunge", sagt der Bootsmann.

„Und das hier ist Jan Billbusch, unser neuer Moses."

„Tach", sagt Walter, schmeißt seinen Krimi weg und schwingt beide Beine über den Kojenrand. „Denn kann ich mich ja abmelden, wenn der jetzt da ist! Ich habe nämlich Freiwache bis um vier. Kann er mich ja vertreten, oder?"

„Na ja", sagt der Bootsmann und kratzt sich am Hinterkopf. „Mit irgendwas muß er ja schließlich anfangen. Aber rede vorher mit dem Steward drüber. Und den Jan Bill ... Billdings, den bring ich jetzt erst mal zum ‚Eins O'."

„Eins O?" frage ich gedehnt.

Walter, der Messejunge, schlingt sich eine bunte Krawatte um den Hals. „Erster Offizier, du Blödmann", sagt er.

Der „Eins O" steht oben an der *Brückennock*, heißt Herr Schiefelbein und schaut zum Bootsmann und mir hinunter. „Komm rauf, mein Junge", sagt er ermutigend. Und den Bootsmann fragt er: „Haben Sie schon einen Job für ihn?"

„Vertretung für'n Messejungen. Backschaft in der Messe."

Backschaft — keine Ahnung, was das ist. Aber ich werd's schon noch rauskriegen. Jetzt klettere ich erst mal zum „Eins O" rauf.

„Na, Billbusch", sagt er freundlich. „Nun erzähle mal 'n bißchen von dir. Hast 'n vorher gemacht?"

„Seemannsschule."

„Und davor?"

„Kaufmännisches. Ich war in einer Spedition. Zuletzt im Frachtkontor. Hab den Zollkram gemacht."

„Gut, gut", sagt er abwinkend. „Aber hier bei uns

fängst du wieder ganz von vorn an. Ganz unten. Von der Pike an. Und ohne Meutern, kapiert?"

Na, das fängt ja gut an. Ohne Meutern! Sehe ich so aus, als ob ich sofort meutern würde? Ich scheine ja einen schönen Eindruck zu machen. „Ich geh ja schon runter", sage ich und bin tatsächlich ein bißchen beleidigt. „Wann ist denn Abfahrt?"

„Abfahrt?" Der „Eins O" lacht schallend auf. „Auslaufen, meinst du wohl? So gegen fünf."

Na, da gehe ich lieber gleich, ehe ich noch mehr Quatsch rede über Sachen, die ich nicht verstehe.

Also, jetzt weiß ich, was Backschaft bedeutet: Abwaschen! Geschirr trocknen! Tassen an die Haken in der Decke der Messe hängen! Teller hinter die Schlingerleisten packen! 'ne saubere Arbeit für einen zukünftigen Kapitän! Irgendwie kann ich gar nicht lächeln. Und das merkt auch prompt der Messesteward, als er prüfend vorübergeht.

„Mann, bist du vielleicht sauer!" ruft er kopfschüttelnd. „Aber merk dir das, mein Junge: Um Backschaft kommt hier keiner von euch Jungen herum! So fängt das nämlich hier bei uns für euch alle an! Und wenn das Gemecker hinter meinem Rücken nicht aufhört, dann fallen mir noch ganz andere Arbeiten für dich ein!"

„Ich habe ja gar nichts gesagt", maule ich.

„Ist auch besser so für dich, min Jung! Und noch 'n kleiner Privattip für dich: Du bist hier die letzte Null! Und solltest du den ‚dicken Otto' spielen wollen, dann läufst du an Bord verdammt auf!"

Als er endlich weg ist, stelle ich grimmig fest, daß ich nun tatsächlich sauer bin. Das hat er geschafft! Mann, o Mann!

Gegen fünf Uhr sind die Löscharbeiten so ziemlich erledigt. Der Tabak aus Griechenland und ein paar andere Dinge sind entladen, der Asbest aus Zypern, der ins Ruhrgebiet kommt, wird erst zwei Tage später in Rotterdam gelöscht. Zwölf Stunden Hamburg nach sechs Wochen Reise. Ende der Woche ist die „Galata" wieder hier und lädt für ihre nächste Rundreise in die Levante. Irgendwie kommen wir nicht richtig weg. Wo ich doch so scharf auf das nächste Meer bin!

Alle sechsunddreißig Mann Besatzung sind wieder an Bord, die meisten etwas munterer als zuvor. Einige auch mit einer etwas mühseligen, feuchten Aussprache. Sie haben alle Hände voll zu tun. Die Luken werden verschalkt, also geschlossen, und seefest abgedichtet. Das Ladegeschirr wird niedergelegt, ein Stapel Garnierholz seefest gezurrt. In dreißig Minuten heißt es „Leinen los" – und dann beginnt meine erste Seereise!

Ich stehe oben an Deck. Endlich bin ich bei einer Ausfahrt dabei! Ich kenne nun schon einige Leute hier, den Ersten Offizier, den Bootsmann Kertscher, den Messejungen Walter, jetzt auch noch den Leichtmatrosen Stiff, den spanischen Matrosen José und dann – Robinson.

Robinson, das ist vielleicht eine dufte Type! Kirchiewski heißt er richtig. Vornamen hat er auch. Aber keiner kennt den. Alle nennen ihn Robinson. Er sieht lustig aus, er macht dauernd Blödsinn, und er ist bis zur Halskrause voll von verrückten Geschichten. Also, Robinson gefällt mir am besten!

Bis auf den Kapitän vielleicht, aber den kenne ich ja noch nicht. Das enttäuscht mich übrigens ganz schön! Ich habe bestimmt gedacht, daß der Kapitän der erste ist, der mich hier begrüßt. Ist doch schließlich mein Chef! Und so einer wie der will ich ja auch mal werden. Aber das scheinen die hier gar nicht zur Kenntnis zu nehmen! Backschaft! Letzte Null an Bord! Und ja nicht etwa meutern! Die bringen einen ja erst mal auf Ideen!

Na, ich gucke mich halt ein bißchen um. Vielleicht kann man ja hier gleich noch was lernen. Vorn beim „Eins O" steht der Lotse, der soeben an Bord geklettert ist. Das weiß ich schon: Sein Revier ist der Hafen, und er bringt uns bis Wedel. Dort übernimmt uns der Elblotse bis Brunsbüttelkoog. Und von dort lotst uns der Elbe-See-Lotse hinaus bis zum *Feuerschiff „Elbe I"*. Das hat mir alles der Walter erzählt.

Gerade höre ich, wie der „Eins O" und der Lotse die Fahrzeit berechnen. Elbefahrt bis Cuxhaven bei ablaufendem Wasser und zwölf Knoten Fahrt, mit dem Strom sogar fünfzehn Knoten. Vierundfünfzig Meilen. Also: hundert Kilometer. Bis zur Kugelbake rund vier Stunden und bis zum Feuerschiff „Elbe I" dann noch mal zwei — Mensch, wenn ich das doch nur wenigstens ein bißchen verstehen würde...

Irgendwer schreit meinen Namen. Ich rum und nischt wie hinter zum Backdeck. Die Deckmannschaft *fiert* die Schleppleinen: Zwei Mann vorn, zwei achtern lassen die Taue ablaufen.

„Nu steh man nich' so verträumt in der Gegend rum, Junge, sondern tu was!"

Irgendwer drückt mir einen Wassereimer und Lappen in die Hand.

„Müßt ihr mir doch sagen, was ich tun soll. Kann ich doch nicht wissen..."

„Mecker nich'! Alle Scheiben der Brücke putzen! Und dort die *Reling*! Aber Beeilung, Junge!"

Mensch, die haben hier veilleicht 'nen rauhen Umgangston! Und setzen als selbstverständlich voraus, daß einer, der aus dem Speditionskontor kommt, gleich weiß, was er beim Auslaufen eines Schiffs zu tun hat! Reling waschen!

Was ist das eigentlich, Reling? Na ja, ist man gut. Ich schiebe ab und fang einfach mal an. Wische die Scheiben der Brücke ab und die Handläufe draußen auf der Brückennock. Diese Reling da um die über die Aufbauten hinausragenden freien Enden der Kommandobrücke.

Inzwischen überprüft der Dritte Offizier sämtliche Signalanlagen. Er telefoniert mit dem Maschinenraum, setzt die Peilaufsätze draußen auf den Kompaß. Dann liefert José die korrigierten Seekarten ab. Dann kommt der Erste Offizier auf die Brücke. Dann der Lotse. Und dann – endlich – der Kapitän! So einer also, wie ich es mal sein werde!

Gerade will ich scheu auf ihn zu, mich vorstellen, ihm meinen Namen nennen, da gibt mir der Dritte ein Zeichen, schleunigst zu verschwinden. Na, was kann ich tun? Meutern? Nicht in diesem Augenblick!

Ich also weg, heimlich, still und leise. Höre gerade hinter mir noch die letzten Befehle. So was wie „Klar vorn und achtern." Und „Also dann, Leinen los!" Und „Briest auf – so vier, fünf Nordwest." Und „Danke! Schlepper sind fest! Fahrwasser ist frei!" Und „Achterleine los – vorne alles los – los die Achterspring!"

Ach ja, *soweit* müßte man erst mal sein, daß man da mitmachen dürfte! Und vor allem weiß, was das alles bedeutet.

Die „Galata" wird aus ihrem India-Hafen hinausbugsiert. Die Schlepper slippen ihre Haken ab, ihre nun gelösten Schleppleinen klatschen ins Wasser, einer nach dem anderen macht los. Wir laufen nun mit eigener Kraft elbabwärts. Ich stehe an der Reling und winke zu den Landungsbrücken hinüber, auf denen sich eine schwarze Menschenmauer drängt und zurückwinkt.

Lauter liebe Angehörige, Freunde und die Mädchen der Matrosen, von denen es heißt, daß sie in jedem Hafen eines haben, mindestens. Darunter auch die „Ziehscheinhyänen", wie die Seeleute ein wenig respektlos ihre eigenen Ehefrauen und Bräute nennen, die Frauen, die den „Ziehschein", die Heuer, den Kies der Seeleute, vom Reedereikontor abholen oder den heimgeschickten Schein einlösen.

„Na, Jan", sagt Robinson dicht neben mir. „Und welche von denen is' deine Braut?"

„Ach", antworte ich ein bißchen verlegen, „keine Braut, bloß meine alten Herrschaften – ist wohl so, daß die winken müssen, wenn man ein paar Jahre auf See geht."

„Ein paar Jahre, wie machst denn das?" fragt Robinson lachend. „In sechs Wochen biste schon wieder hier, oder was hast du gedacht?"

„Na ja, Robinson", brumme ich, „aber das brauchen meine alten Herrschaften doch nicht zu wissen, oder?"

Er grinst und spuckt in hohem Bogen ins Wasser.

Ich sehe den Lotsen an der Lotsenleiter stehen. Neben ihm der „Eins O", der Dritte und ein Matrose. „Lotsengeschirr klarmachen!" heißt der nächste Befehl. Sie winken mich heran. Der Matrose und ich hängen die Leiter ein, befestigen den Handlauf, der Dritte kontrolliert. Als ich einmal hochgucke, sehe ich drüben am Ufer Blankenese liegen. Ich sehe auch den Mast und die kleine Mole. Ich sehe meine alte Schule. Die *Seemannsschule.*

„Kiek mal, Jan, eure Mosesfabrik!" feixt der Matrose neben mir auch schon.

„War ich drei Monate", sage ich stolz.

„Und nix gelernt!" frotzelt er lachend.

Ich wehre mich. „O doch! Alles, was so zum Decksdienst gehört. Sicherheitsdienst, Unfallverhütung, Erste Hilfe..."

„Aber anständig die Reling schrubben nicht, was?"

Was hat der wohl schon wieder, verdammt! Aber ich habe keine Zeit, mich zu ärgern. Der Hafenlotse steigt aus.

Willkommhöft Schulau. Vor dem Fährhaus geht am Mast das „Gute-Reise"-Signal hoch: die Buchstaben „P" – der blaue Peter –, „Y" und „U". Auch die Hamburger Flagge wird zum Gruß gedippt. Der vom Flötentörn, der wachhabende Matrose neben Ausguck und Rudergänger, holt bei unserer „Galata" die Bundesflagge grüßend runter und zieht sie wieder auf: Er dippt!

„Hamburg wünscht Ihnen gute Reise..." Die Stimme des Fährhauskapitäns dröhnt aus den Lautsprechern an Land. Drüben am Anleger winken Leute. Und dann dringt lautstark die Melodie zu uns herüber: „Muß i denn, muß i denn zum Städtele hinaus..."

Ist schon 'n bißchen komisch so das erste Mal. Ich reibe mir kurz die Augen, weil die Gischt zu mir hochspritzt. Dann hole ich meine Pudelmütze aus der Tasche und drücke sie mir betont lässig auf den Kopf. So, dann kann die Seefahrt losgehen. Bloß nicht weich werden wegen so 'nem bißchen Meer...

Der berühmte Kompaß-Schlüssel

Schwimmende, schaukelnde Tonnen an den Begrenzungen des schmalen Hauptfahrwassers der Elbe nördlich von Stade. Links die schwarzen Steuerbordtonnen mit ihren fortlaufenden Buchstaben. Rechts die roten Backbordtonnen mit Zahlen drauf.

„Mensch, Robinson", sage ich verdattert. „Bis jetzt habe ich eigentlich immer gedacht, daß Steuerbord rechts und Backbord links ist – hier draußen ist es ja genau umgekehrt!"

Robinson schiebt lachend seine Mütze zurück. „Klar, min Jung, hier draußen ist alles umgekehrt von uns aus gesehen! Wir haben die Steuerbordtonnen jetzt an Backbord und Backbordtonnen an Steuerbord. Weil sich die Seitenbezeichnung nämlich auf die Schiffe bezieht, die von See hereinkommen. Verstanden?"

Na ja – was bleibt mir anderes übrig?

Aber wenn die hier noch viel auf den Kopf stellen, dann muß ich langsam umlernen! „Und was ist nachts, Robinson?"

„Nachts sind die wichtigsten Tonnen befeuert. Dazu weisen auch noch verschiedenfarbige Leitfeuer den Weg durchs Fahrwasser. Und außerdem . . ."

Was „außerdem" ist, erfahre ich nicht mehr. Weil Stiff, der Leichtmatrose, plötzlich neben mir steht und mich am Ärmel zieht. „Jan, komm bloß fix runter in die Messe. Die warten schon alle auf dich. Die haben einen Mordshunger – und keiner ist da zur Bedienung!"

Jetzt hätte ich mal was lernen können, da reißen sie einen schon wieder raus! Und wieder mal, ohne einen vorher darauf vorzubereiten! Verflixt, woher soll ich denn immer wissen, was ich zu tun habe, wenn die einen nie rechtzeitig informieren!

„Bin keine Bedienung", antworte ich leicht verärgert.

„Los, Essen holen, sonst gibt's was zwischen die Hörner!" Er zieht mich mit sich fort.

„Du mußt vorsichtig sein, Jan", sagt Stiff, während wir über Deck rennen, „denen gefällt dein Ton hier bei uns nicht!"

„Und mir gefällt euer Ton auch nicht . . ." Ich beiß mir auf die Zunge. Hat ja keinen Sinn, meinen Ärger gerade am armen Stiff auszulassen, der kann doch gar nichts dafür! War auch mal ein Moses und kennt diese Geschichten! Letzte Null. Werde ich nicht so schnell vergessen!

„Also gut — ich werde denen den Hals schon vollschlagen!"

Diese Äußerung kann ich mir doch nicht verkneifen. Und ich meine es auch ganz genauso, wie ich es gesagt habe. Denen werde ich's geben, wartet's mal ab, Leute.

Unten in der Messe steht der Bootsmann schon so da, na, so — die Hände in die Seiten gestemmt, gleich geht's hier weiter! „So, da bist du ja schon", sagt er auch bereits gefährlich langsam. „Damit du's nur gleich weißt: Dein Platz ist hier. Du und der Walter, ihr holt das Zeug aus der Küche. Und erst wenn hier alles steht, dann könnt *ihr* auch essen!"

Er hockt sich an seinen Platz, Walter stellt ihm schnell einen Teller hin, der Bootsmann haut kräftig rein und spricht dabei weiter. „Und von wegen Diktatur und so, was du da gesagt hast . . ."

Da muß ich ihn aber nun leider doch verbessern. „Habe bloß gesagt: autoritäres Regime ..."

„Ein Schiff, Jan Billbusch", kaut der Bootsmann, „ist kein Parlament, verstehst du? Du kannst persönlich was gegen Disziplin haben! Aber auf einem Schiff geht's nun mal nicht ohne! Nur so fährt überhaupt ein Schiff mit soundso viel Mann an Bord! Mit Disziplin! Begriffen?"

Ehe ich noch antworten kann, ruft Robinson von seinem Platz zu mir rüber. „Jan, bring mir Ketchup! Viel Ketchup! 'ne ganze Flasche für mich allein!"

Ich serviere, so schnell ich kann, und bringe dann dem Robinson sein Ketchup. Tatsächlich läßt er fast die ganze Flasche über sein Essen laufen. Ich muß mich richtig schütteln vor Ekel, wie ich das sehe.

„Hör mal", sagt er dabei zu mir, „was 'n richtiger Seemann ist, der nimmt immer Ketchup, zu allem."

„Auch zu Marmelade?" rutscht es mir heraus.

„Auch zur Marmelade", antwortet Robinson gelassen. „Und auch immer Pfeffer wie ich jetzt, Wurscht, ob schon einer drin ist oder nicht. Und auch immer Tabasco. Siehste, so 'ne Portion! Die halbe Flasche rein. So viel, daß se 'ner Landratte, so 'nem Quiddje glatt die Augen rausfallen würden. So gottverdammich scharf, daß die Gedärme sich Knoten binden, haste gesehn?" Und er schlingt sein überscharfes Essen mit Todesverachtung in sich hinein.

„Pfui Deibel", sage ich entsetzt.

„Willste mal kosten?"

„Nee!"

„Wirst nie 'n richtiger Seemann, Billbusch!"

„Jedenfalls nicht gleich am ersten Tag, Robinson!" Und ich drehe mich um und serviere lieber weiter, ehe ich selbst esse, weil ich plötzlich einen irrsinnig scharfen Geschmack im Hals habe. Ich werd's üben, so was zu essen. Morgen fange ich an oder besser – übermorgen.

Schließlich will ich ein richtiger Seemann werden. Und das soll an einem Tropfen Tabasco mehr oder weniger nicht scheitern! Robinson wird noch Augen machen. Und alle anderen auch!

Später treffen Robinson und ich uns auf der Back wieder – dem Aufbau auf dem Vorderdeck. Er steht auf dem Vorschiff als Ausguck. Ich bau mich neben ihm auf und seh mir die Gegend an. Es ist Abend geworden, und vor uns liegt das befeuerte Fahrwasser – eine lange leuchtende Allee aus leicht schwankenden bunten Lichtzeichen. Sieht schon toll aus.

„So viele Lichter", sage ich beeindruckt. „Da würde ich nie durchfinden!"

„Lernste auch noch, Jan", tröstete mich Robinson. „Aber warum haust du dich nicht in die Falle? Mach doch Feiermännchen! Hast doch jetzt Freiwache, oder?"

„Könnte jetzt doch nicht schlafen, Robinson."

„Wirste auch nich' zu kommen! Da draußen ist heute nacht doll was los. Da wird unser Wurstwagen ganz schön tanzen! Wenn die Kavenzmänner nachher hier so fein rüberrollen, daß du sogar von der Brücke aus das Schiff nicht mehr siehst! Und dann unsere sechstausend Tonnen Asbest unten drin und oben nix – Mann, da rollt der Laden vielleicht! Alle acht bis zehn Sekunden einmal hin und her." Er wirft mir einen kurzen Blick zu. „Biste eigentlich seefest, Junge?"

„Weiß nicht. War noch nie so richtig draußen. Gerade einmal auf Helgoland. Aber da war 'n schöner Sommertag und das Wasser ganz ruhig."

22

„Langweilig so was!" sagt Robinson. „Wirste auch kaum erleben, 'ne Helgolandfahrt hier bei uns!"

Ich stehe neben Robinson und spüre, wie der Wind stärker wird. Der Seegang nimmt zu. Die Leuchttonnen vor uns schwanken wie verrückt. Robinson hat recht. Wir kriegen hier das krasse Gegenteil von einer Helgolandfahrt. Und ich kriege Bauchweh. Und mir ist richtiggehend schlecht. Ich verziehe mich in meine Koje, ziehe mich aus, schlüpfe in meinen Pyjama und lege mich flach.

Und genau das hätte ich nicht tun sollen.

Über mir knipst Walter das Kojenlicht an. „He, Jan, was ist denn los? Was stöhnste denn so?" Er beugt sich runter, und dann sieht er mich auf dem Bettrand sitzen, mir erst den Bauch haltend und dann auch den Mund. Und dann springe ich plötzlich hoch und sause aus der Koje raus wie ein Blitz, der sich gewaschen hat.

Ich hänge über der Bordwand und fühle mich hundeelend. Warum will ich auch ausgerechnet Kapitän werden? Wie schön ist das Leben an Land, ohne Wind und ohne Wellen, ohne ein wahnsinnig gewordenes schlingerndes Schiff, das einem die Magenwände zerreißt!

„Du Dusseltier!" schreit Robinson von seinem Auslug zu mir herüber. „Merk dir eines: Man spuckt immer nach *Lee*! Sonst knallt dir der Wind doch alles wieder vorn Latz! Logisch denken, Junge! Das zeichnet einen Seemann in kniffligen Situationen aus! Kapiert?"

Kapiert – als ob ich jetzt irgendwas kapieren könnte! Die sollen mich doch alle in Ruhe lassen mit ihrer christlichen Seefahrt! Was interessiert mich denn das? Ich will abwinken. Aber sogar dazu bin ich zu schwach. Ich hänge bloß so herum. Kurz vorm Sterben, nehm ich an.

„Was hat er denn?" ruft der Bootsmann von oben zu Robinson hinüber.

„Nichts!" brüllt Robinson in der Finsternis zurück. „Er füttert bloß ein bißchen die Fische!"

„Der Moses soll mal raufkommen!" schreit der Bootsmann.

„Der hat aber jetzt Freiwache!" schreit Robinson zurück.

Und dann wieder der Bootsmann: „Ist egal! Der soll sofort raufkommen! Der Wachhabende braucht ihn!"

Ich richte mich mühsam wieder auf. Halte mich mit zitternden Armen an der Reling fest. „Ich bin aber doch im Pyjama . . .", werfe ich keuchend ein.

„Nun komm schon, ein Moses ist immer im Dienst!"

Ach, es ist aber hier auch wirklich zum . . . zum Verrücktwerden! Brummend klettere ich nach oben. Sind die eben selbst schuld, wenn die mich in dieser Aufmachung sehen! Im Pyjama. Und zwar nicht gerade im allersaubersten . . .

Der Dritte Offizier erwartet mich schon am Brückennock. „Hör mal, Moses. Wir haben da was verbummelt. Du mußt uns helfen, bevor der Alte das merkt! Lauf schnell, und hole uns den Kompaß-Schlüssel!"

„Den . . . den Kompaß-Schlüssel? Was is'n das?"

„Na, höre mal", sagt der Dritte gedehnt. „Ich denke, du warst drei Monate auf der Seemannsschule?" Er geht zurück auf die Brücke. Der Bootsmann deutet nach unten. „Im Fettkeller ist der Kompaß-Schlüssel. Unten, bei den Bilgenkrebsen."

„Aha!" Kommt mir alles sehr komisch vor. Fettkeller, Bilgenkrebse. Kompaß-Schlüssel, hm . . . Aber was soll ich machen? Ich erst mal schnell wieder runter aufs Achterdeck zu Robinson. „Du – wo is'n hier der Fettkeller mit den – mit den Bilgenkrebsen?" Ich erwarte gespannt seine Antwort.

Er: „Na, unten – in der Maschine, Jan. Eingang is' die Backbordseite. Weißte denn überhaupt schon, wo Backbord ..."

„Mann", sage ich bloß und verschwinde in Richtung Maschinenraum. Immer die Kleinen, denke ich dabei. Die verbummeln was, und der Moses muß ran. Wo mir doch so verdammt schlecht ist! Ich rüttle an der Tür zum Maschinenraum. „Hallo, hallo! Kann ich runterkommen? Ich brauche sofort den Kompaß-Schlüssel!"

Ich öffne die Tür. Ein unbeschreiblicher Lärm dringt zu mir herauf. Menschenskind, daß die es im Maschinenraum überhaupt aushalten können – vom Arbeiten ganz abgesehen! Aber die Männer da unten scheinen den Lärm gar nicht zu bemerken. Seelenruhig bedeuten sie mir, runterzukommen.

Hastig klettere ich die eisernen Niedergänge hinunter. „Kompaß-Schlüssel brauch ich!" stoße ich unten hervor. Ich muß mich zusammenreißen, um mir nicht die Hände an die Ohren zu pressen in diesem Höllenlärm.

„Wahnsinnig biste", sagt einer der Männer zu mir. „Wenn dich hier bei uns der Chief erwischt, fliegste sofort von Bord, Junge! Der zerlegt jeden von Deck, der hier aufkreuzt!"

„Kompaß-Schlüssel", japse ich noch einmal flehentlich.

Die Männer werfen sich Blicke zu. Dann deutet einer auf einen Gegenstand in einer Ecke. Er sieht aus wie ein riesiger Schraubenschlüssel – von Ausmaßen, die ich noch nie zuvor gesehen habe. Komisch, daß wir auf der Seemannsschule nie davon ... „Das ist er."

Ich gehe hin und nehme den Kompaß-Schlüssel hoch. Das heißt, ich will. Aber dieses Ding ist verdammt schwer. Und ich muß mich schon sehr anstrengen, um ihn überhaupt ein Stück wegziehen zu können.

„Aber laß dich dabei bloß nich' vom Chief erwischen, Junge!"

Mit diesen freundlichen Empfehlungen und dem Kompaß-Schlüssel versehen, klettere ich die eisernen Stiegen wieder nach oben, schweißüberströmt, todmüde, im Pyjama und hundeelend. Dies ist eine echt verdammte Situation ...

Das Achterdeck. Die Treppe zur Brücke. Das Brückennock. Irgendwie komme ich an. Der Dritte flitzt auch gleich aus seiner Brücke raus.

„Hier – Ihr Kompaß-Schlüssel", sage ich verbittert.

Der Dritte faßt ihn an, beugt sich prüfend drüber. „Nee, das ist genau der falsche!" sagt er kopfschüttelnd. „Das ist ein Zweihundertzwanziger, Junge! Wir ham aber schließlich einen *Kreiselkompaß*! Da mußte schon besser aufpassen und die da unten auch!" Ärgerlich richtet er sich auf. „Immer muß so was passieren, wenn *ich* Wache habe! Schöner Mist! Los, hol den richtigen, aber ehe der Kapitän kommt!"

Junge, Junge, Junge! Ich schultere das schwere, falsche Ding und mache mich wieder auf meinen Weg. Ich bin vielleicht sauer! Jetzt würde ich glatt meutern, wenn ich nicht viel zu schwach dafür wäre!

Auf dem Achterdeck tritt mir Robinson in den Weg. „Na, das ist aber schnell gegangen, Jan!" lobt er mich.

„Quatsch! Das war der falsche! Ich muß noch mal ..."

„Au weia, dann aber nischt wie ran. Der Alte wird jeden Moment ..."

„Du, Robinson!" sage ich und bleibe eine Sekunde stehen. „Du, wenn ich merke, daß die mich hier auf den Arm nehmen . . ."

„Vielleicht hast du recht, und die nehmen dich wirklich auf den Arm, Jan", antwortet Robinson schulterzuckend. „Aber das Risiko, wenn du nicht recht hast . . . Mann, o Mann!"

„Ihr mit euren verdammten weisen Sprüchen!" Aber ich habe jetzt keine Zeit zum Diskutieren. Hastig eile ich mit dem schweren Zweihundertzwanziger weiter. Seemannsschule! Der alte Witz kommt mir in den Sinn: An dem Tage habe ich wohl gerade gefehlt! Bloß, ich kann diesmal leider überhaupt nicht drüber lachen . . .

Unten im Maschinenraum gucken sie erst ziemlich dämlich. Dann nicken sie. Und dann nehmen sie mir den falschen Kompaß-Schlüssel ab und laden mir einen zweiten auf die Schultern. Der sieht genauso aus. Bloß – er ist noch erheblich größer! Ächzend steige ich den Gang wieder hinauf. „Wenn ich merke, daß ihr . . ."

„Diesmal ist es der richtige!" ruft einer freundlich hinter mir her.

Ich habe ungeheuere Mühe, die Niedergänge hochzuturnen. Ich möchte nicht wissen, wie ich aussehe. Müde, verschmutzt, verkehrt angezogen, mit diesem Irrsinnsding auf der Schulter. Das Schiff schlingert ungeheuer. Es rollt und stampft. Eine kleine Hölle ist um mich ausgebrochen. Und ich schmore mittendrin. Ganz allein, ohne jegliche Hilfe! Ach, wäre ich doch an Land geblieben!

Achterdeck. An Robinson vorbei, der mich mitleidsvoll betrachtet. Brückennock. Wo ist der Dritte? Und dann eine freundliche Stimme aus der Dunkelheit. „Aha, du bist also unser neuer Moses, ja?"

Der Kapitän! Alles ist aus! Ich hab's nicht geschafft! Ende! Krampfhaft versuche ich, meinen riesigen Kompaß-Schlüssel irgendwie hinter mir zu verstecken. Ich nehme Haltung an, was im Pyjama sicher sehr lächerlich aussieht. „Jan Billbusch, Herr Kapitän", stoße ich mit zitternder Stimme hervor. „Jawoll, Ihr neuer Moses."

„Schön, daß wir uns bei dieser Gelegenheit kennen-lernen, Jan!" sagt der Big Boß freundlich. Immer noch freundlich. Das wird ihm aber gleich vergehen, wenn er sieht, was ich da hinter mir habe. Er mustert mich auch schon ziemlich eingehend. „Komische Arbeitskluft..."

„Ich – ich komme gerade aus der Koje, Herr Kapitän. Ich habe nämlich eigentlich Freiwache – ich..."

„Was machst du dann hier auf der Brücke?"

„Äh, nur so..." Blöde Situation. Riesenpanne, denke ich. Und natürlich keiner weit und breit, der mich ver-teidigen könnte! Ich druckse herum wie ein Blödmann. Und die ganze Zeit halt ich diesen verdammten Schlüssel hinter mir fest.

Da hat er ihn auch schon erblickt. „Was ist denn das?"

„Was denn?" Ich stelle mich nun ganz doof. „Was mei-nen Sie denn?" Und dann, als er drauf zeigt: „Ach so, das – ja, das weiß ich auch nicht, was das ist..."

„Das ist ein Kompaß-Schlüssel, Moses", belehrt mich der Kapitän. „Also hat hier oben einer was verbockt, ja?"

„Nein, das glaube ich nicht, Herr Kapitän!" Bloß die Jungens hier oben nicht verraten – das ist mein einziger Gedanke. Bloß den Dritten nicht hereinziehen!

„Glaube ich auch nicht", sagt der Kapitän immer noch freundlich. „Hier oben ist eigentlich immer alles in be-ster Ordnung." Er sieht mich fragend an. „Ist dir noch schlecht?"

„Schlecht? Mir? Mir soll schlecht..."

„Na ja", sagt der Kapitän und starrt auf meine beschmutzte Schlafanzugjacke. „Im übrigen hast du heute sicher eines gelernt: Arbeit hilft immer über alles hinweg! Meistens jedenfalls!" Er lacht. „Weißt du, manchmal erwischt's sogar mich noch. Das ist dann natürlich peinlich. Vor allem, weil sie mich ja dann schlecht nach dem Kompaß-Schlüssel schicken können!"

Befreit lache ich mit ihm. „Ich habe mir doch gleich gedacht, daß da was nicht stimmt, Herr Kapitän!"

„Und warum hast du das Ding dann trotzdem so brav angeschleppt?"

„Man weiß ja nie..."

„Siehst du, Jan", sagt der Kapitän und klopft mir vertraulich auf die Schulter, „jetzt hast du wirklich was gelernt. Nämlich die Grundlage der christlichen Seefahrt. Man kann alles ausrechnen und einkalkulieren, jede Panne, jedes Mißgeschick, jede Gefahr. Aber letzten Endes: Man weiß ja nie..." Er wendet sich kurz zu dem Lotsen um, der eben aus der Brücke kommt. Dann sagt er: „Jan, du kannst jetzt unseren Lotsen von Bord begleiten – wir sind beim Feuerschiff ,Elbe I'."

Begeistert schließe ich mich dem Lotsen an, bringe ihm die Tasche zur Relingstreppe. Dies ist eine Auszeichnung, das weiß sogar schon ich. Und außerdem ist dies mein erster Auftrag geradewegs vom Kapitän. Ich laufe dem Lotsen nach, den Seitengang vor dem Backdeck entlang, zur Lotsenleiter. Unterwegs auf dem Achterdeck trete ich schweigend auf den grinsenden Robinson zu und drücke ihm den „Kompaß-Schlüssel" in die Hand. Er ist zu überrascht, um ihn fallen zu lassen. „Ha!" sage ich bloß.

Das kleine Lotsenboot schaukelt wie eine Nußschale auf der rauhen See. Es wird den Lotsen an Bord nehmen und ihn zum Lotsenversetzboot bringen. Während sich der Lotse auf seiner Leiter breit macht, mache ich seine Tasche an einer Leine fest.

„Erste Ausfahrt?" fragt er mich.

„Ja", antworte ich. Und füge etwas bedrückt hinzu: „Man sieht's, nicht wahr?"

Er geht taktvoll nicht weiter drauf ein. Weist dafür mit der freien Hand nach drüben zu ‚Elbe I'. Das hier liegende Feuerschiff ist der äußerste Vorposten in der Elbmündung. Ein schwimmender Leuchtturm. „Sieh mal, Junge", sagt er. „Da sitzen die Jungs immer vierzehn Tage drauf bis zur nächsten Ablösung. Bei jedem Wetter. Bei Orkan haben die hier eine ganz böse steile Grundsee. Und jedes Unwetter aus erster Hand. Wir mit dem Lotsenversetzboot gehen dann weiter rein zu ‚Elbe II' oder ‚Elbe III', oder auch bis kurz vor Cuxhaven. Aber die Männer hier draußen, die riskieren immer ihr Leben."

Ich blicke gebannt durch die Dunkelheit hinüber zu „Elbe I". Ein Gleichtaktfeuer — fünf Sekunden hell, fünf Sekunden Pause, fünf Sekunden hell, fünf Sekunden Pause. Immerzu.

„Wenn du von einer langen Reise kommst, Junge", sagt der Lotse mit etwas bewegter Stimme, „und du siehst das, und bei klarer Sicht siehst du das über zwanzig Meilen weit — dann weißt du: Das ist ‚Elbe I'. Und dann weißt du: Du bist wieder zu Hause! Und für euch beginnt nach ‚Elbe I' die Seereise. So wird das ins *Logbuch* eingetragen!"

Der Lotse schwingt sich über die Bordwand und klettert runter zu dem winzigen Lotsenboot.

**Jan Billbusch (Gernot Endemann)
im Maschinenraum**

**Der Maschinentelegraf verrät's:
Es geht volle Kraft voraus**

Endlich in der Messe:
Jan (links) und Robinson
(Mitte: Dieter Augustin)

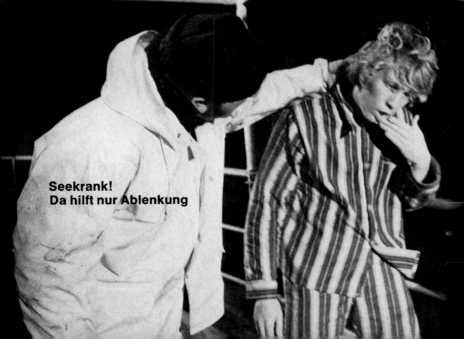

Seekrank!
Da hilft nur Ablenkung

...binson (rechts)
...kt die Abdeckung
...r Rettungsboote

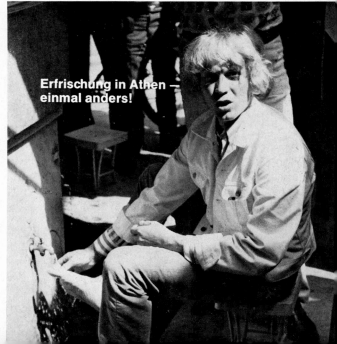

Erfrischung in Athen —
einmal anders!

Und wieder muß der Moses schrubben

Jans verdiente Rast auf der Ankerkette

Ich sehe ihm nach und lasse dann seine Tasche an der Leine nach unten. Neben mir taucht plötzlich Robinson auf. Er salutiert stramm. „Befehl ausgeführt, Sir! Kompaß-Schlüssel ist wieder unten!"

„Danke, Robinson!" sage ich lachend. „Rühren!"

Unser Schiff nimmt wieder Fahrt auf. Das Lotsenboot tuckert hinüber zum Dampfer. „Elbe I" blinkt sein Gleichtaktfeuer in die Nacht, als wir vorüberziehen.

„Jetzt geht's los, Jan Billbusch", sagt Robinson neben mir. „Volle Kraft voraus! Und hinein in die Nacht und ins Meer und in den Sturm und ins Abenteuer!" Er reibt sich die Hände. Er freut sich.

Ich hole tief Luft. Reibe an meinem angeschmutzten Pyjama herum. Fröstele ein bißchen.

„Komm mit auf meine Kammer, Jan", sagt Robinson. „Du hast dir einen Schnaps verdient."

„Mir ist nicht kalt."

„Na, komm schon." Er zieht mich mit sich. „Und das, was da drüben blinkt, das ist das Feuer von Helgoland. Kennst du ja schon, nicht?"

Ich bleibe noch einmal stehen und sehe hinüber. Der Lichtstrahl von Helgoland wandert über die stark bewegte See. Helgoland! Damals war es ein Sommertag mit glattem Wasser. Das ist lange her. „Damals", sage ich leise vor mich hin.

„Stimmt genau, mein Junge", sagt Robinson. „Das war damals. Damals, als du noch ein kleiner Junge warst. Und noch kein richtiger Seemann . . ." Er lacht und klopft mir auf die Schulter.

Anpfiff vom „Eins O"

Die „Galata" läuft mit zwölf Knoten parallel zur holländischen Küste in einem Abstand von etwa zwölf Meilen. Das Feuerschiff Texel ist bereits passiert. Bis zur Ansteuerungstonne Maas, zum Lotsenversetzboot Hoek van Holland/Rotterdam sind es noch 58 Meilen. Also noch fast fünf Stunden.

Auf dem tonnengekennzeichneten Weg herrscht ziemlich viel Verkehr: Mitläufer und Gegenkommer, wohin man sieht. Nacht und Sturm sind vorüber – ein zartblauer Morgenhimmel wölbt sich über der See, die sich wieder einigermaßen beruhigt hat.

Es muß jetzt schön sein oben an Deck. Für die anderen jedenfalls. Für mich jedoch . . .

Ich bin natürlich nicht mit oben. Mich haben sie wieder mal nach unten verbannt. Diesmal in die Pantry, in die Speisekammer. Zum Kakerlakenfangen. Tja, nicht verhört! Ist schon so! Auch so was muß ein Moses machen! Weil er eben bloß eine arme Maus ist, eine „Mousse", wie es im Französischen heißt.

Messejunge Walter und Moses Jan Billbusch sind also auf Kakerlakenjagd. Mit Schraubenziehern und Spachteln fummeln wir hinter Schränken und Leisten herum, um diese ekligen schwarzen Dinger zu erwischen, von denen der Walter sagt, daß sie international wären.

„Franzosen heißen sie am Rhein", belehrt er mich, „Russen in Schlesien, Schwaben in Norddeutschland. Und in Bayern sagen sie natürlich Preußen dazu!" Er greift nach

der Sprühdose und nebelt die „Preußen" ein. „Der Chef-
koch vom Waldorf Astoria Hotel in New York sagt, diese
Küchenschaben wären unausrottbar! Die würden sogar
'nen Atomkrieg überleben! Und die halten sich nun schon
seit Millionen Jahren hier bei uns und . . ."

„Und dann soll es uns beiden gelingen, sie ausgerechnet
heute auszurotten, Walter? Mit einer kleinen Sprühdose?
Wenn die doch sogar 'nen Atomkrieg überleben?"

„Was ist ein Atomkrieg gegen die Macht von uns beiden,
Jan!"

Ich will ihm gerade eine passende Antwort geben, da
guckt Leichtmatrose Stiff in die Pantry. „He, Jan, lasse
die kleinen Tierchen, und komm mal schnell rauf an Deck!
Der Bootsmann will . . ."

Im gleichen Augenblick steckt auch der Messe-Steward
seinen Kopf zur Tür herein. „Billbusch, die Abfallkiste
muß sofort über Bord! Wenn wir erst ins Revier kommen,
werden wir den Schiet nicht mehr los! Also, Moses, bißchen dalli, ja?"

Ich stehe vom Bodenturnen auf, packe mein Werkzeug
und meine Sprühflasche weg, will gerade mit dem Bootsmann und dem Steward an Deck, da schreit der Dritte
Offizier lauthals vom Gang herein: „Jan Billbusch, dein
Typ wird auf der Brücke verlangt!"

„Was ist denn da los?" entfährt es mir.

„Wirste schon sehen, komm bloß schnell rauf!"

„Menschenskind, Walter", sage ich zu meinem Kumpel
und Kakerlakenkollegen, „Mensch, kriegste nu wenigstens
langsam mit, wie sich die hier alle um mich reißen? Junge,
Junge, ich möchte bloß mal wissen, wie ihr euren Kahn
sonst immer flottgekriegt habt, als ich noch nicht an Bord
war!"

Auf der Brücke empfängt mich der „Eins O" schon recht grimmig. „Was soll denn das hier sein?" fragt er mich und deutet auf die Leine am Signalmast, mit der die Flaggen hochgezogen werden. Sie hängt tatsächlich ein bißchen *vertörnt* am Haken. „Ist das vielleicht ein chinesischer Woolingstek? Hast du doch vorhin in den Pfoten gehabt, Jan, oder?"

„Hm, stimmt. Ich dachte, damit das Ding nicht aufgeht und so blöd rumhängt, da habe ich es lieber . . ."

„Mich kannst du auch lieber haben, mein Lieber!" flucht der Erste Offizier los, der bisher doch immer ganz nett zu mir war. „Statt der nächsten Freiwache lernst du erst mal, wie man das hier vertäut! Der Trick bei den Knoten ist nämlich der, daß die Dinger sofort aufgehen, wenn man sie braucht, und daß sie sonst trotzdem halten! Ich habe wirklich die ganze Zeit über gedacht, daß du auf der Seemannsschule warst, Kerl!"

„Da habe ich's ja gelernt!" verteidige ich mich und meine Seemannsschule. „Theoretisch und mit Nachdenken! Aber wenn man das dann in Wirklichkeit macht und der Kapitän auch noch dabei rüberguckt, dann kriegt man plötzlich zwei linke Hände — und aus ist's . . ."

„Und wenn die Leine nun wieder läuft, dann mußt du die Flagge hier hochziehen — weißt du überhaupt, was das heißt?"

Nee, im Moment natürlich nicht. Ist alles weg und im Eimer. Mit viel zu zittrigen Fingern gucke ich mir die Flagge genauer an. Vielleicht fällt's mir dann wieder ein. Ich falte sie auseinander und denke scharf nach. Blaugelb ist sie. Senkrecht gestreift. Ist sehr schwer, hinter ihr Geheimnis zu kommen, in Anwesenheit des „Eins O".

„Na, Billbusch?" fragt er.

Daß die einen aber auch nicht einmal in Ruhe nachdenken lassen! „Moment noch, bitte", sage ich lahm. „Ja, ja – Buchstabe G, das stimmt, da war doch was mit dem G . . ." Verdammt, nix los mit dem G und mir.

„G stimmt", unterbricht der Erste Offizier mich schon wieder. „Aber – was heißt nun dieses G?"

„Mann . . ."

Er hilft mir. Aber nicht aus reiner Menschenliebe. Sondern bloß deshalb, weil die Schiffahrt nicht meinetwegen einfach aufhören kann. „Na, Lotsenanforderung, natürlich, Billbusch! Schnell, schnell! Der Lotsendampfer ist schon in Sicht. Los, beeile dich, Junge!"

Die hetzen einen hier vielleicht! „Au weia!" schreie ich los. „Das geht nicht! Das kann ich jetzt nicht machen!"

„Und wieso nicht, he?"

„Weil vorher der Schiet erst noch über Bord muß!" brülle ich verzweifelt.

„Na, dann halt dich man ran, Billbusch!" Und der Erste höhnt auch noch: „Ich möchte jetzt eigentlich nicht sehr gern in deiner Haut stecken!"

Wie der jetzt noch Zeit findet, so lange Sätze zu bilden, fährt es mir durch den Kopf. Dann beschließe ich, mich gar nicht mehr um seine Drängelei zu kümmern. Jetzt heißt es bloß noch handeln.

Und Jan Billbusch wird jetzt handeln. Ganz allein. Ganz schnell. Wie ein richtiger kleiner Kapitän!

Also: Leinen raus, Flagge „G" hoch. Ab zum Heck. Dort Abfalltonne über Bord kippen, festzurren und dann auf mit Gebrüll zu den anderen, die Reinschiff machen. Wassereimer, Besen, Schrubber und den ganzen Kahn auf Herrn Vorder- und Frau Saubermann gebracht. Uff! Mein lieber Scholli . . .

Robinsons teuflischer Einfall

Botlek. Nee, kein leckes Boot. Sondern bloß ein Name.
Der Name von der Stadt, an der wir jetzt anlegen. Botlek – ein Hafen von Rotterdam, Holland, vermute ich.

Die „Galata" macht ihr Ankermanöver. Die Anker
rauschen raus, funkenstiebend verschwinden die Ketten
durch die Klüse. Festmacherboote flitzen um unser Schiff
herum und befestigen die Leinen an den Moorings.

Ich stehe neben Robinson und gucke zum Kai rüber.
„Du, Robinson, wo ist denn nun die Stadt? Wo ist denn
nun dieses Rotterdam?"

„Na, hier, Jan. Hier überall liegt es rum."

„Nee, ich meine – die Innenstadt, die City. Also das,
wo was los ist! Ist das weit von hier?"

„Keine Ahnung, Jan. Da war ich noch nie. Wir kommen immer nur bis zum Hafen. Und der wird jeden Tag
etwas größer. Er ist jetzt schon der größte der Welt."

„He, Billbusch, komm mal schnell in die Messe-Pantry!"

Ich drehe mich um. Der Messe-Steward! Jetzt geht das
Theater da unten zur Abwechslung wieder los. „Was ist
denn?"

„Na, sieh dir mal die Pantry an, Herr Kammerjäger! An
deiner Sprühwand klebt noch immer eine riesige schwarze
Traube Kakerlaken! Genauso, als ob es vorhin gar kein
Mordkommando gegeben hätte!"

Ich rase zu ihm. Es stimmt. Muß ja auch stimmen, wenn
Walter recht hat. „Die sollen ja sogar 'n Atomkrieg überleben!" stoße ich zu meiner Entschuldigung hervor.

„Blödsinn! Wir haben die Dinger ja früher auch weggekriegt! Aber mit der Hand gefangen, verstehst du? Und nicht mit so 'nem neumodischen Sprühkrimskrams!" Wütend sieht er Walter und mich an. „Nun los! Fangt mal an! Aber diesmal wird's richtig gemacht!"

„Verfahren wir jetzt also nach der altgriechischen Methode, Jan", sagt Walter bissig, als der Steward weg ist.

„Wie geht denn die?"

„Ganz einfach! Schiff anbohren und absaufen lassen! In spätestens 48 Stunden sind die Biester hinüber. Länger können die nämlich nicht schwimmen!"

Dann greift er sich zwei Spachteln und reicht mir einen herüber. „Also los, Jan. Noch einmal mit Gefühl! Noch einmal ins Gewühl!"

„Bist ja 'n richtiger Dichter, Walter!"

„Sei still, sonst ..." Weiter kommt er nicht. Ein Riesenrums erschüttert das Schiff. Erschrocken blicke ich meinen Kumpel an. Der winkt bloß lässig ab. „Nichts weiter. Wir haben bloß angelegt. Wir sind in Rotterdam."

Später stehe ich wieder auf dem Achterdeck. Die Luken sind offen. Große Baggerschaufeln senken sich von Kränen herunter in den Bauch unseres Schiffes. In den Kegeln der Scheinwerfer wirbelt der Asbeststaub hoch. Krachend poltern die Schaufeln gegen das Lukensüll, die Lukeneinfassung.

„Einen schönen Dreck machen die", sage ich zu Robinson, der neben mir steht. „Warum haben wir eigentlich draußen so wild Reinschiff gemacht, wenn die uns hier drinnen alles wieder vollsauen?"

„Aus Prinzip", antwortet Robinson. „Und weil das Leben einem eben so mitspielt. Alles ist vergänglich." Er zieht seinen rechten Zeigefinger einmal quer durch mein Gesicht. „Genau wie dein Teint, Jan! Du siehst vielleicht aus, mein Lieber! Dabei hast du dich doch bestimmt heute morgen gewaschen, oder?" Sein Finger ist grauschwarz.

Meine Herren, denke ich mir. Ich muß ja wieder mal schön aussehen! Aber es lohnt sich gar nicht, sich jetzt noch mal zu waschen. Die machen hier einfach zuviel Dreck. Also bleibe ich gleich stehen und sehe zu. Es ist schon ein faszinierender Anblick.

Die Baggerschaufeln stürzen sich wie ungeheuer große, wilde, hungrige Tiere in die Luken und fressen sich rein in die Asbestmassen. Jede Baggerschaufel faßt über vierzehn Tonnen! Die Kräne am Kai surren pausenlos hin und her, ragen weit über das Schiff hinaus ins freie Hafenbecken, wo die Binnenkähne liegen – in mehreren Reihen auf Warteliste längs der Bordwand. Mit dumpfem Gepolter platscht der Asbest in die leeren *Leichter*.

An der Luke dirigiert der „Wahrschaumann" die Baggerlöffel geschickt bis in die entlegensten Ecken der Laderäume. Ein Meister am Löschpult mit einem schließlich vollendeten 6400-Bruttoregistertonner. Plötzlich ein Ruf: „Jan Billbusch!"

Ich fahre herum. Hinter mir stehen Robinson, José und Stiff. Alle drei Mann haben sich landfein gemacht. „Wie seht ihr denn aus? Fast hätte ich euch gar nicht erkannt!"

„Los, Jan, wasch dich und ziehe dich an! Aber beeil dich! Wir gehen gleich nach dem Frühstück an Land!"

„Ja, ich beeil mich!" rufe ich. „Wartet auf mich!"

„Mach aber wirklich schnell, Jan", sagt Robinson. Während ich abzische, stellen sich die drei zu Kurt, unserem Zimmermann. Er ist gerade dabei, seinen mächtigen Schwergutkran zu zerlegen, genauer: die Maschine.

„Können wir dir helfen, Kurtchen?" höre ich Robinson noch fragen. Sein Ton klingt ziemlich scheinheilig, finde ich.

Als ich, gewaschen und ebenfalls landfein gemacht, wiederkomme, stehen die drei immer noch frotzelnd um den emsigen Kurt herum. „Es würde schneller gehen, wenn du dir helfen ließest", sagt Stiff gerade. Und José fügt hinzu: „Du willst doch mit uns an Land, oder?"

„Ja! Aber nun laßt mich mal gemütlich zu Ende arbeiten!" Der dicke Kurt ist nicht so schnell aus der Ruhe zu bringen. „Ich wäre längst fertig, wenn ihr mich nicht dauernd stören würdet!"

„Is' was kaputt, Kurtchen?" schalte ich mich ein.

„Unsinn! Das mache ich doch immer, wenn wir irgendwo anlegen, Junge! Muß bloß geölt werden, die Maschine! Ich verstehe gar nicht, warum ihr euch überhaupt solche Sorgen macht! Muß nur die Räderchen alle schön baden und salben! Sind doch meine Kinderchen! Bin Vater und Mutter in einem von diesem Maschinchen!" Er montiert Zahnrad für Zahnrad ab und legt es hinter sich in eine Ölwanne.

„Na gut, Kurt. Dann gehen wir jetzt schon mal frühstücken!" entscheidet Robinson. „Und lassen Väterchen und Mütterchen mit all ihren Räderkinderchen hier hocken. Tschüß!"

Auf unserem Wege zur Mannschaftsmesse treffen wir einen der Ingenieure aus dem Maschinenraum. Robinson stößt ihn an. „Kannst du mir 'ne kleine Freude machen?"

„Wieviel?" fragt der Ingenieur.

„No, no, keine Pinke! Bloß ein kleines Zahnrad! Oder besser noch – zwei! Ihr habt doch so viele da unten! Nur leihen für ein paar Stunden, ja."

„Fehlt dir eins?" fragt der Maschinenraum-Ingenieur und deutet auf Robinsons Kopf.

„Du, mir ist's ernst! Nur zwei Stück! Nur für ein paar Stündchen! Nur ..."

„Nach dem Frühstück", sagt der Ingenieur und deutet auf seinen Magen.

„Dann ist's zu spät!"

„Also komm, Robinson. Alter Quälgeist." Die beiden verschwinden im Maschinenraum.

Währenddessen schlendern wir drei noch mal hinüber zu Kurt, der gelassen inmitten einer ungeheuren Wolke aus Staub und Dreck sitzt und liebevoll an seiner Kranmechanerie herumbastelt. „Willste denn nich' wenigstens mit uns frühstücken, Kurtchen?" fragt Stiff.

„Nee, noch nicht Kinder!"

„Robinson sagt", werfe ich ein, „Rotterdam soll so verdammt schön sein."

Kurt winkt ab. „Kenne ich doch alles schon!"

„Und ganz besonders die Dockschwalben!" fahre ich fort.

„Woher weißt du denn was von Dockschwalben, Kleiner?" fragt Kurt. Er blickt zu mir auf.

„Hat er auf seiner Seemannsschule gelernt", erklärt Stiff. „Erste Lektion: hübsche Mädchen."

„Wann bist du denn nun endlich fertig, Kurt?" drängelt jetzt auch José.

„In zehn Minuten! Wenn ihr mich ab sofort in Ruhe laßt!"

„Okay, dann lassen wir dich ab sofort in Ruhe!" beschließt Stiff.

Wir gehen hinunter in die Messe. Das, was nun kommt, ist aber leider wieder mein Job, das Frühstück machen!

Und obwohl ich schon landfein gemacht bin und gar nicht so aussehe wie eine Bedienung. Aber es hilft mir nichts. Der Moses muß ran. Wie immer.

Walter gibt mir einen leichten Stoß. „Gleich geht's los mit den Eiern", flüstert er mir zu. „Sie werden die tollsten Eierkombinationen von dir verlangen! Paß bloß auf, daß du alles gut behältst und richtig auslieferst – sonst gibt's nachher Keile!"

„Rühreier mit Pilzen und Speck!" ruft da auch schon einer der Matrosen von einem entfernteren Tisch herüber.

„Für mich Spiegeleier ohne Speck! Drei Stück! Auf beiden Seiten gebraten!" bestellt der Bootsmann.

Und Stiff brüllt: „Ja, mir auch!"

Gerade will ich in die Küche, da taucht Robinson in der Tür auf. „Bist du verrückt, Stiff? Du kannst doch nicht das gleiche essen wie der Bootsmann! He, Jan Billbusch, ich möchte Rühreier mit Erdnuß!"

„Hör mal, Robinson", unterbreche ich ihn sofort. Der will mich doch bloß wieder auf den Arm nehmen! „So was gibt's ja gar nicht!" Nee, diesmal falle ich nicht rein!

„Moment mal, Jan! Donnerstags, also bei uns sonntags, seesonntags, feiertags, gibt's 'n vollen Schlag schon zum Frühstück! Das heißt Eier nach Wunsch! Und ich wünsche eben Rühreier mit Erdnuß! Kapiert?"

„Ich auch!" krakeelt Stiff dazwischen. „Das hört sich gut an! Das schmeckt sicher prima!"

„Nein, du ißt was anderes", befiehlt Robinson. „Rühreier mit Erdnuß werden nur für mich zubereitet!"

So langsam komme ich ins Schwimmen! Die ersten Bestellungen habe ich fast alle schon wieder vergessen. Ängstlich betrachte ich José. „Willst du etwa auch was mit Ei...?"

Er nickt bloß. „Rühreier will ich", sagt er. „Aber mit Peperoni."

Ein zweiter Matrose erhebt sich, etwas weiter entfernt. „Bitte Spiegeleier mit Tomaten, aber nur einseitig gebraten!"

„Eins oder zwei?" frage ich, nur um was zu fragen. Reiner Zeitgewinn. Inzwischen können sie nämlich nichts bestellen.

„Vier natürlich!" sagt der Matrose.

Und Stiff schreit begeistert: „Mir auch!"

Der Bootsmann sieht ihn strafend an. „Bist ein echter Spielverderber, Stiff!"

Stiff heult fast. „Wenn mir doch aber nichts eigenes mit Eiern einfällt!"

„Dem fällt nichts eigenes mit Eiern ein!" ruft Robinson verächtlich. „Wo es doch mindestens vierundsechzig Möglichkeiten gibt!"

„Ich mag aber nun mal keine Eier", brüllt Stiff, fast außer sich. „Ich pfeife auf eure Eier . . ."

„He, he, he!" rufe ich bloß. In dem allgemeinen Krawall versuche ich, mich unbemerkt davonzumachen. Ich will an Deck, dann nach vorne zur Küche, die mittschiffs liegt. Einige Kombinationen gaukeln noch als „Resteierbestände" durch mein angekratztes Hirn. Längst ist mir entfallen, wer was im einzelnen bestellt hat. Hauptsache: Ich kriege die Aufträge halbwegs in die Küche! Aber so weit komme ich erst gar nicht.

Sie haben nämlich meinen Fluchtversuch entdeckt und brüllen in einer Lautstärke wie ein Spieß auf dem Kasernenhof hinter mir her:

„He, Moses, du hast mich ja ganz vergessen. Ich möchte auch gern frühstücken! Und zwar: Eier! Hart gekocht!

Drei Stück! Mit vier anständig geschmierten Butterbrötchen dazu!"

Und ein anderer: „Jan, bring mir einen ordentlichen Haufen Heringssalat!"

Nein, nun kann ich nicht mehr! Ich verschwinde endgültig in Richtung Küche. Ich werde mir einfach neue Kombinationen ausdenken. Meine einzige Hoffnung ist die, daß diese Eier-Jungens da draußen alle selbst nicht mehr genau wissen, was sie eigentlich bestellt haben. Im Hintergrund höre ich Stiffs sich überschreiende Stimme: „Jan, bringe mir bitte auch ein paar Eier mit! Weiche Eier!"

In der Küche lege ich erst mal mein feines Jackett ab. Wegen der Schufterei jetzt. Und wegen der Keile nachher.

„Na", fragt mich Walter scheinheilig, „haste dir auch alles fein gemerkt? Dann gib mal die Orders! Du weißt ja, das muß jetzt alles innerhalb von fünf Minuten auf den Tischen stehen, sonst..."

„Seesonntag", sage ich wütend, „Seesonntag ist doch wirklich das Allerdämlichste an eurer christlichen Seefahrt!"

Meine ersten Keile ... Schwamm drüber. Vergessen wir es doch.

Reinfall an Land

Jedenfalls – nach dem Frühstück schlendern Robinson, José und ich aus der Messe quer über Bord in Richtung Land. Wir kommen an Kurt vorbei, der noch immer an seinem Maschinchen herumbastelt. Natürlich bleiben wir stehen.

„Kommste nu mit, Kurtchen?" fragt Robinson leutselig.

„Mach mich nicht wahnsinnig, Robinson!" warnt er.

„Hast es aber versprochen", mault Stiff.

Kurtchens aufsteigender Ärger zeigt sich in Form von Stirnfalten. „Von Junggraden lasse ich mich schon überhaupt nicht anquatschen!" schnauzt er uns an.

Jetzt gibt José seinen Kommentar dazu. „Er hat auch recht! Aber sage mal, Kurtchen, warum klappt's denn nun wirklich nicht? Hast du etwas verloren?"

„Quatsch!" sagt Kurt diesmal noch etwas ärgerlicher. „Bin einfach nicht scharf drauf, morgens um neun durch Rotterdam zu latschen! Ich kenne jeden Hafen! Mir hängen diese Häfen zum Halse raus. Lieber spiele ich mit meinem Kran und ..."

„Menschenskind, laßt den doch hier versauern!" ruft Robinson. „Kommt, Leute, wir gehen! Rotterdam wartet auf uns! Mit allen seinen Abenteuern!"

Und wir vier marschieren von Bord.

Der Kai von Botlek. Der ausgedehnte Hafen. Die Straße nach Rozenburg. Rozenburg! Wie der Ort schon heißt! Alles, was ich sehe, ist – eine grauenhaft trostlose Gegend. Und das soll nun die große, weite Welt sein! So kann der Mensch sich irren!

Wir laufen ziellos die Straße hinunter. Gigantische Halden mit Erz, Schwefel und Phosphor links und rechts. Hier und dort sind Raffinerieanlagen zu sehen. Überall gewaltige eingezäunte Lagerplätze. Weitläufige Sumpf- und Sandflächen, von denen Möwenschwärme aufstieben. Rohre werden gerade verlegt. Eine Pipeline entsteht. Rings um uns breitet sich die wüste Weite einer Industriesteppe.

„Omnibus oder so was gibt's hier wohl nicht, was?"
frage ich meine Kumpels.

„Optimist!" ruft Stiff.

„Wo wollen wir denn überhaupt hin?" erkundige ich
mich weiter. „Wie weit? Wie lange noch marschieren? In
welche Richtung?"

„Nach Rotterdam natürlich, Kleiner", antwortet Robinson, der, wie ich weiß, noch nie da war, weil er noch
nie aus dem Hafen von Botlek herauskam. „Dufte Lokale gibt's da, tolle Beatschuppen. Da ist vielleicht was los,
schon morgens um sieben! Weltstadt, internationale, natürlich nichts gegen Rio, aber eben der letzte Heuler für
europäische Verhältnisse!"

„Du scheinst Barcelona nicht zu kennen!" fällt José
besänftigend ein. „Oh, Freund . . ."

„Ich habe Hunger!" sagt Stiff. „Gehen wir doch erst
mal anständig essen!"

„Was?" fragen wir alle drei gleichzeitig.

Und Robinson: „Hat dir Jan Billbusch etwa nicht ein
tolles Eierfrühstück gemacht?"

Eine Weile marschieren wir noch ziemlich unlustig durch
die langweilige Weltstadtgegend. Und die Zeiger unserer Uhr eilen weiter, und soviel Zeit für den Landgang
haben wir nun auch wieder nicht. So langsam muß hier
einfach etwas geschehen. Als plötzlich ein einsames Taxi
vorbeikommt, halten wir es wild entschlossen an.

„Wieviel bis Rotterdam?" fragt Robinson.

„Neununddreißig Gulden!"

„Wieviel ist das in deutschem Geld?" erkundige ich mich.

„Vierzig Mark. Nein, einundvierzig!"

Aus einem plötzlichen Entschluß heraus verkünde ich:
„Kumpels, ich lade euch ein!"

„Bist du verrückt?" fragt Stiff zweifelnd. „Der Moses hat 'ne Meise! Die halbe Heuer für eine halbe Taxifahrt! Und wie kommen wir zurück?"

„Ach so . . ." Daran habe ich gar nicht gedacht. Es war auch nicht die halbe Heuer. Sondern ein Fünfziger von meinem Vater, den er mir zum Abschied zugesteckt hat.

Der Taxifahrer braust, ärgerlich über den unnützen Aufenthalt, ab. Als nach einer Weile noch ein kleiner Lieferwagen vorbeizuckelt, habe ich keinen Mut zu weiteren Abenteuern mehr. Aber José handelt überraschend. Der Wagen hält. Verhandlungen sind im Gange. Nach einer Weile dreht sich José um. „Der würde uns mitnehmen", sagt er gedehnt. „Umsonst!"

„Aber?" fragen wir anderen drei wie aus einem Munde.

José hebt seine Schultern. „Aber nicht nach Rotterdam. Der fährt nur nach Rozenburg."

„Ist doch Wurscht", sagt Robinson unerwartet zahm. „Hauptsache, wir kommen weg!"

Während wir hinten auf die Ladefläche des kleinen Lieferwagens klettern, murmelt José vor sich hin: „Gegen Barcelona ist ja sowieso alles andere ein Dreck . . ."

Wir rattern los. Durch eine ziemlich öde und verlassene Landschaft. Deiche, Rohre, Einsamkeit. Dann wieder mal eine neue Siedlung. Und dann, irgendwo auf dem Weg und völlig unerwartet, ein kleines Lokal. Kalt, modern, unpersönlich.

Der Fahrer hält, dreht sich zu uns um. „Willkommen in Rozenburg, meine Herren!" sagt er augenzwinkernd. „Kommen Sie herein, bitte sehr! Dies hier ist mein eigenes Restaurant . . ."

Aha, denken wir. Und dann hocken wir nun da. In einer klitzekleinen Kneipe, leer, völlig vereinsamt, menschenungewohnt. Der Wirt und Fahrer hinterm Tresen, seine Frau lächelnd und rundlich neben ihm. Wir haben nichts zu essen, kaum was Anständiges zu trinken. Der erste Genever ist zwar gratis, dann aber müssen wir zahlen: Bier, Bier und noch mal Bier. Dazu ein bißchen Musik von der Musikbox, ein kleines Spielchen am Spielautomaten, ein paar uninteressierte Blicke in holländische Illustrierte. Weiter nichts.

Rotterdam. Größter Hafen der Welt. Zu groß anscheinend, um in die Stadt zu kommen. In diese Weltstadt mit ihren vielen Möglichkeiten, sich zu vergnügen. Und unsere Landzeit läuft ab. Na, der Tag ist im Eimer.

Plötzlich springt Robinson hoch. „Kinder, ich weiß was Tolles! Und ich lade euch dazu ein! Drüben, auf der anderen Straßenseite, ist ein Friseur! Ich lade euch ein zum Haareschneiden!"

Lachend springen wir auf. Endlich mal was Tolles! Gehen wir also zum Friseur!

Das ganz große Welthafenniveau ist nunmehr erreicht! Der Friseur! Was werden wir erzählen können! Mann, werden die vielleicht staunen . . .

Kurtchens kleine Rache

Drei Stunden später sind wir zurück an Bord. Völlig nüchtern. Sauer. Aber frisch „geschoren". Wir marschieren unter den Kränen hindurch und an Erzhalden vorbei. Auf der „Galata" hat inzwischen ein fliegender Holländer — eh, Händler — seinen Laden aufgeschlagen. Hm, haben wir da nicht vielleicht was versäumt?

Eine kleine Freude gibt es allerdings! Und zwar für Robinson. „Das arme Kurtchen", sagt er und deutet mitleidsvoll auf unseren Zimmermann. „Da bastelt der doch immer noch an den Eingeweiden seiner Kranmaschinerie rum! Wie kommt denn das bloß?"

Wir gehen sofort zu ihm rüber. Er sieht uns schon entgegen. Und diesmal macht er ein echt verzweifeltes Gesicht. „Was — ihr seid schon wieder hier?"

„Na, hör mal, Kurtchen!" ruft Robinson pathetisch aus. „So viel Geld haben wir ja auch wieder nicht, daß wir das pausenlos unters Volk streuen können! Und mehr als sieben Kneipen nacheinander – das reicht ja eigentlich, nicht? Und die Mädchen hier kommen auch ganz schön teuer! Aber: Klasse . . ."

Kurt reißt die Augen auf. „Ich bitte um Einzelheiten", sagt er gespannt.

„Na, so was kann man doch nicht erzählen!" wirft Stiff ein. „Als Kavalier, meine ich."

„Ich verrate nur eines", feixt Robinson. „Halbblut. Indonesierinnen. Und so weiter . . ."

Kurt blinzelt uns an. „Und du, Stiff?"

„Ich habe einfach irren Hunger", antwortet Stiff wahrheitsgemäß.

„Barcelona", sagt José bloß und hat ganz verträumte Augen.

Und ich beuge mich ein bißchen zu dem schwitzenden armen Kurtchen runter und sage: „Du müßtest hier mal raus, Kurt. Immer dasselbe an Bord ist nicht gut – Weltstadt, Abenteuer, tolle Sache da draußen . . ."

Kurt guckt uns immer noch an. „Ich weiß nicht", sagt er gedehnt. „Ihr seid alle so verändert. Um den Kopp rum . . ."

„Wie geht's eigentlich deinen Kinderchen, den Zahnräderchen?" erkundigt sich Robinson hastig. „Ist alles wieder in Ordnung?"

„Kümmere dich um deinen eigenen Mist", sagt Kurt ein bißchen scharf. Komisch, so kennt man den doch gar nicht.

Wir lassen ihn besser allein und schlendern weiter in Richtung Maschinenraum. Der Ingenieur tritt gerade aus seiner Tür. Er hält uns an. „Ich weiß nicht, was mit dem Kurt los ist", flüstert er schulterzuckend. „Der baut und baut an seinem Kran, und immer bleibt was übrig. Er will jetzt von mir einen Schweißapparat haben.

„Gib ihm den doch", schlägt Robinson vor. „Mehr als die ‚Galata' in die Luft jagen kann er damit auch nicht."

„Du bist ein echter Menschenfreund, Robinson!"

Ich marschiere ab zu meiner Koje, streife den Landanzug runter, schlüpfe in mein Arbeitspäckchen, suche mir einen Job. Aha, Brücke saubermachen! Wieder mal! Immer fein rein und fein wieder raus, na, in Ordnung.

Der „Eins O" kommt an mir vorbei. Prüft Signalanlagen, Telefon zum Maschinenraum, Kompaß und Steueranlage. „Junge", sagt er dabei zu mir, und ich staune richtig über seine plötzliche Vertraulichkeit, „Junge, da denken die Leute zu Hause immer, unsereins kommt dauernd in fremde Länder, fremde Städte, fremde Häfen und erlebt, weiß der Deubel, was Tolles! Und in Wahrheit hängste bloß hier rum, einen Tag, zwei Tage lang, in so einem Schietloch hier. Alles voller Dreck. Staub haste überall, geht bis in die Lungen . . ."

Ich bin direkt platt von diesem Ausbruch. Um ihn ein bißchen von seinem Kummer abzulenken, frage ich: „Stimmt das, Herr Schiefelbein, daß wir nächste Woche schon in Griechenland sind?"

„Ja, so etwa. Zehn, zwölf Tage von Hamburg aus. Weißt ja, Billbusch, erst müssen wir noch mal nach Hamburg zurück." Es hört sich sehr unlustig an.

„Sagen Sie, Herr Schiefelbein", frage ich ihn interessiert, „kennen Sie den Hafen Piräus?" Ich denke an Athen, an die Akropolis, die Tempelanlagen hoch über der Stadt, an die vielen stummen, steinernen Zeugen einer längst vergangenen glorreichen Zeit.

„Klar, Billbusch. Da bin ich ja so ungefähr alle sechs Wochen." Er lacht leise auf. „Piräus kenne ich besser als meine Familie! Siehst du, jeder normale Mensch hat seinen freien Samstag, seinen Sonntag, seine Freizeit eben. Wir Seeleute aber, und dahinter wirst du selbst schon noch früh genug kommen, wir armen Schweine sind rund um die Wochenuhr beschäftigt! Zweimal am Tag hat man Wache als ‚Eins O', Wurscht, ob Feiertag oder nicht, immer alles schnell, rasch, fix. Früher war man immer mal wieder fünf, sechs Tage lang zu Hause. Gibt's heute nicht mehr! Alles rationalisiert. Löschen, laden, ruckzuck, weiter, weg. Zwei Tage nach der Ankunft haste schon wieder Abfahrt. Schlecht für die Familie!"

„Daran habe ich ehrlich noch gar nicht gedacht", murmele ich, wenig beeindruckt von seinem Privatpech.

„Kunststück, du bist auch noch ganz am Anfang und außerdem Junggeselle! Warte erst mal ab, bis du soweit bist wie ich!" Der scheint einen Märchenanfall zu haben, der hört gar nicht auf! „Ich habe da einen Kollegen", fährt er erzählbesessen fort, „der saust dauernd in Ostasien herum. Der hat ein Notizbuch, da stehen alle Kapitäne der Welt drin. Alter, Krankheiten, auf welchen Schiffen, so eine richtige kleine Dokumentation. Der Junge führt also ganz genau Buch und weiß, wann er eines Tages selbst an der Reihe ist, Kapitän zu werden. Natürlich auch Junggeselle! Und voller Ehrgeiz. Aber bis der den großen Sprung schafft vom ,Eins O' zum Kapitän – das kann Jahre dauern!"

„Und Sie?" frage ich neugierig. „Wann schaffen Sie Ihren großen Sprung?" Sicher will er doch auch mal Kapitän werden so wie ich.

„Ach, Mensch, Billbusch", sagt der „Eins O" abwinkend. „Ich will gar nicht Kapitän werden! Ich kaufe mir jedesmal in Hamburg an Land eine Zeitung und lese die Stellenanzeigen! Ich suche 'n Job an Land! Seit Jahren schon!"

Da staunste, was?

„Na und? frage ich. „Da gibt's doch massenhaft Jobs! Noch keinen gefunden?"

Der Erste Offizier schlägt mir auf die Schultern. „Jede Menge! Erstklassige Sachen sogar dabei! Aber . . ."

„Aber?" Jetzt bin ich aber ehrlich gespannt.

Plötzlich ist er sehr ernst und nachdenklich. „Weißt du, Billbusch, jedesmal, wenn's dann wieder mal soweit ist, packe ich brav meine Sachen und gehe zurück an Bord . . ."

Hm. Ich brauche ihn wohl nicht erst zu fragen, warum. Ist mir schon klar. Sonst wäre ich nicht hier. Es ist schon was dran an der Sache mit der Seefahrt. „Ist eben doch 'n Unterschied, was, Herr Schiefelbein, ob man jeden Tag ins Büro muß oder ob man auf See ist, oder? Die Freiheit auf See, meine ich . . ."

„Freiheit? Freiheit gibt's nicht auf See!" Er schüttelt seinen Kopf. „Man ist hier sehr abhängig von tausend Dingen. Von Terminen beispielsweise und Ladungen. Aber auch vom Wetter und von der Mannschaft. Von den Launen eines Tages – und von so vielen anderen Dingen.

Tja, wenn ich's nur erklären könnte, warum ich hierbleibe..."

Ich lächle. Ich winke ab. „Ich versteh's ja!"

„Du schon, Jan Billbusch", sagt er, ehe er geht. „Aber meine Frau nicht..."

Nachdem der Erste Offizier sein Herz bei mir gelöscht hat, wische ich noch die letzten Scheiben sauber, gehe dann raus auf die Nock und schaue hinunter aufs Deck. Da sehe ich was ganz Interessantes.

Nämlich unser gutes Kurtchen. Immer noch an seinem Krangehäuse. Aber jetzt scheint er mit seiner langen Arbeit fertig zu sein. Er macht gerade ein paar Probeläufe – und alles funktioniert.

Ich sehe, wie sich einer von hinten an ihn heranschleicht. Aha, Robinson! Ich kann die Stimmen der beiden Männer ganz deutlich bis zu mir herauf hören.

„Na, Kurtchen – läuft er wieder?"

„Klar, und wie!"

Robinson blickt sich um, als ob er etwas sucht. Sieht auf dem Boden nach, in der Ölwanne, tritt noch etwas näher.

„Suchst du was, Robinson", fragt Kurt, der ihn beobachtet.

„I wo!"

„Hm, es sah so aus..."

„Quark! Ich habe bloß von irgendwem gehört, dir sei ein Teil übriggeblieben, ein Zahnrad oder so was..."

„I wo", sagt diesmal Kurt. „Sah bloß eine Weile so aus. Bis ich klarkam mit dem Ding. Jetzt ist alles drin."

„Alles?" fragt Robinson, und irgendwie klingt es entsetzt.

52

„Natürlich – alles! Nur eines ist komisch." Er macht eine spannende Pause, bis Robinson ihn fragend anblickt. „Der Motor läuft jetzt schneller!"

„Ach nee!"

„Ach ja! Der macht jetzt mehr Umdrehungen als vorher! Der läuft jetzt viel runder! Da steckt jetzt viel mehr Saft dahinter!" Er streichelt seinen Kran so zärtlich wie eine Mutter ihr liebstes Kind. „Lohnt sich doch immer, wenn man sich so intensiv um etwas kümmert, während andere Leute ihre schöne Zeit beim Friseur verschlendern!"

Ich weiß auch nicht, warum – aber Robinson macht ganz schnell kehrt. Ich sehe ihm nach, sehe, wie unten auf dem Seitendeck der Ingenieur aus dem Maschinenraum auf ihn zutritt. Sie sprechen miteinander, und auch diesen Dialog kann ich prächtig verstehen.

„He, Robinson! Wo sind jetzt meine beiden Hypoidräder, die du dir vorhin für ein paar Stunden von mir geliehen hast? Die Zeit ist um, ich brauche sie wieder! Und zwar dringend! Der Chief läuft nicht aus, wenn nicht alle Ersatzteile am Platz sind!"

„Tja ...", antwortet Robinson. Seine Stimme klingt ziemlich hilflos und ist in einem Tonfall, den ich überhaupt nicht von ihm kenne. „Weißt du, die Sache ist nämlich so ..."

„Rede nicht lange, Robinson! Schaffe mir die Rädchen her! Sofort!" Der Ingenieur packt Robinson an den Händen. „Junge, wenn die weg sind. In Rotterdam kriegen wir keinen Ersatz – die kommen nämlich aus England! Chromvanadium mit Evolventenverzahnung, verstehst du – das Stück so an die zweihundert Dollar! Also, wenn da was passiert sein sollte, Junge, Junge..."

Robinson kriegt mit einem Male ganz große, erschrokkene Augen. Er reißt sich vom Ingenieur los. Er geht wieder in Richtung Kran – aber das bisher so fleißige Kurtchen ist inzwischen verschwunden. Da hockt sich mein armer Robinson, den irgend etwas Unbegreifliches treibt, neben das Maschinengehäuse des Krans und – na, weinen tut er nun gerade nicht, aber weiß man bei einem so dasitzenden Häufchen Elend, wie so was weitergeht?

Ich erfahr's wenig später, als ich an einem schwatzenden, lachenden Haufen der Mannschaft vorüberkomme. Ich stelle mich daneben. Und dann kann auch ich mir das Grinsen nicht verkneifen.

„Der Robinson hat dem Kurtchen zwei Zahnräder untergejubelt zum Einbauen in seinen Kran. Aber der Kurt hat's noch rechtzeitig gemerkt, nachdem er sich ein paarmal schwer verbaut hatte. Und gemerkt hat's auch der Ingenieur aus dem Maschinenraum, von dem sich der Robinson die Rädchen ausgeliehen hatte. Und da haben die beiden beschlossen, den Robinson reinzulegen.

Na, den Rest kenne ich selber! Der Kurt hat dem Ingenieur die Rädchen zurückgegeben und dem Robinson erzählt, er hätte endlich alle Einzelteile drin. Und sein Kranmotor sei jetzt viel schneller als vorher. Und der Ingenieur verlangte von Robinson seine Rädchen zurück, schnellstens – und auf Dollarbasis.

Und der nervöseste, ernsteste und unansprechbarste Seemann auf dem Rückweg von Botlek nach Hamburg ist unser sonst so ulkiger Clown Robinson, der die ganze Zeit über den Maschinenraum ängstlich meidet. Und auch den Kran mit seiner neuen Riesenkraft. Und schließlich auch, wenn möglich, alle seine lächelnden, grinsenden und feixenden Bordkollegen.

So lange, bis ich ihn aufkläre. Weil er mir auf die Dauer einfach leid tut. Und damit habe ich einen Freund gefunden, der von nun an immer zu mir halten wird. Einen echten Seemannsfreund.

Gelassen schiebt sich die „Galata" hinein ins Mittelmeer. Die Säulen des Herkules, das habe ich mal in der Schule gelernt, nicht auf der Seemannsschule diesmal, so hieß diese Meerenge in der Antike. Lange ist's her, Schule und Antike – heute heißt sie die Straße von Gibraltar.

Da drüben der *„Affenfelsen"*, der einst diese Durchfahrt strategisch beherrschte. Ein kleines Stückchen „Good Old England". Und dann, auf der anderen Seite, gewaltig und imponierend Nordafrika, Marokko, das Rif-Gebirge.

Ein starker Strom zieht uns hinein ins Mittelmeer. Wir sind auf unserem Weg von Hamburg nach Athen, Saloniki, Volos, Izmir, Istanbul und weiter nach Beirut, Famagusta auf Zypern und zurück. Unsere Ladung besteht aus Maschinen und Maschinenteilen, Textilien, chemischen Produkten, elektrischen Geräten und — das kommt später.

Jetzt muß ich erst mal von mir erzählen. Von dem Moses der „Galata". Von Jan Billbusch und seinen Freunden.

Ich klopfe nämlich Rost und male. Jawohl! Das Wetter ist zwar nicht gerade ideal dafür, aber wenigstens trocken. Und da ein Schiff immer eine feine Dame sein muß, müssen wir es mal wieder schön herrichten, ehe wir in den Hafen von Piräus einlaufen. Make-up und so. Also hockt die Deckmannschaft auf dem Deck und bürstet, klopft und pinselt mit Hingabe.

Ich persönlich klopfe Rost vom Lukensüll. Weil mir das allein nicht genügend zeitausfüllend ist, fange ich nach einer Weile an, munter vor mich hin zu pfeifen. Aber nicht

lange. Robinson guckt schon eine ganze Weile vorwurfsvoll zu mir herüber. Jetzt kann er sich nicht länger zu-
rückhalten. „Wirst du wohl aufhören zu pfeifen, Jan!"

„Warum?" frage ich nach meinem letzten Pfeifton.
„Sag bloß, das ist verboten!"

„Allerdings, Jan! An Bord pfeift nur der Wind und der
Kapitän!"

Ich schwinge meinen Hammer. „Quatsch! Aberglauben!"

„Nenn es, wie du willst! Ist nun mal 'n ungeschriebe-
nes Gesetz. Genau wie es verboten ist, Pfarrer an Bord zu
bringen, Richter und Frauen."

„Ach nee!"

„Ach ja!"

Jolanthe, die Prachtsau

Wir wollen gerade noch weiterdiskutieren über diese An-
gelegenheit, da kommt eine noch spannendere dazwischen.
Nämlich der „Eins O" und seine nun wirklich alarmieren-
de Nachricht: „Jungens, schnell, es brennt! Kommt alle
nach achtern! Unsere Jolanthe ist los!"

Wir alle hoch wie ein Mann. Lassen alle Bürsten, Klopf-
werkzeuge und Pinsel sausen und die ganze Dame Schiff.
Und rennen aufs Achterdeck!

Denn unsere Jolanthe – unsere Jolanthe ist ein echt
lebendes Schwein. Ein Riesending! Eine wertvolle Zuchtsau!

Also, die Jolanthe, das Schwein, hat sich auf ihrem See-
weg nach Athen aus dem Verschlag befreit und rast nun
grunzend zwischen den Luken des Achterdecks herum.

Die verrückte Jolanthe ist aber nicht unser einziges Tier auf diesem Wasserweg. Wir haben noch mehr. Wir haben nämlich noch zweiundzwanzig Kühe an Bord – und allesamt sind sie trächtig! Zum Glück sind sie zur Zeit nicht ausgebrochen wie diese Jolanthe.

Übrigens jagen wir sie natürlich alle sofort. Und auf die Dauer entkommt uns das starke Ding auch nicht. Es wird abgedrängt, bricht zwar noch ein paarmal heftig und auch schmerzvoll für uns durch unsere Reihen, aber schließlich ist es wieder drin in seiner Kiste. Uff . . .

Wir hocken uns nun um ihren Verschlag und beraten. Gleichzeitig versuchen wir, unser Riesenschwein wieder ein bißchen zu beruhigen. Das ist gar nicht so einfach.

„Kann Jolanthe eigentlich über Bord abhauen?"

Robinson schüttelt den Kopf. „Nee, Jan, das nicht. Aber ihre Füße kann sie sich brechen bei so einer irren Jagd. Wäre ja jammerschade um sie. So 'ne Prachtsau!"

„Mensch, so 'n Tier braucht doch Auslauf!" werfe ich ein. „Das wird ja verrückt in seiner engen Kiste. Kann man es denn nicht ganz langsam und vorsichtig herumführen? An einer Leine?"

„Langsam und vorsichtig!" höhnt der Bootsmann. „Ist doch kein Hündchen, Moses! Na, und dann – der Mist überall!"

„Ach, den machen wir schon wieder weg!" ereifert sich jetzt auch Stiff. „Mit einem Schlauch. Das geht prima! Die Kühe, die machen doch auch alles voll!"

Beim Abendessen servieren Walter und ich Schweinefleisch. Stiff guckt mich merkwürdig an. „Jolanthe?" fragt er leise.

„Bist du wahnsinnig?" sage ich entsetzt. Unseren Liebling werden wir doch hier nicht verzehren! „Mensch, die wird doch nicht gefressen, Stiff! Jolanthe muß sich doch auf Zypern um Nachwuchs kümmern! Die hat noch so einiges vor sich!"

„Wozu", fragt Stiff gedankenschwer, „züchten die denn eigentlich Schweine, wenn sie keine Schweine essen dürfen, die Mohammedaner?"

„Auf Zypern leben doch hauptsächlich Griechen, Stiff", sage ich. „Orthodoxe. Und die dürfen."

Diesmal ist es José, der mich etwas schief anguckt. „Woher du wissen, Jan? Schon jemals da gewesen?"

„Nee", sage ich ehrlich. „Aber ich weiß es halt!"

Nun ist es sogar Robinson, mein Freund, der sich mißtrauisch gegen mich stellt. „Laß bloß nicht immer deinen Studiker so heraushängen, Junge!"

„Nun sage mal! Bin doch kein Studiker, Robinson!"

„Aber genau der Typ dafür! Und noch nie einen ausgegeben! So was ist immer sehr verdächtig!"

Ich muß grinsen. Ach so. Na, das können sie haben, die Knaben von meiner Seefahrtsfakultät. „In *Piräus* gebe ich einen aus, Robinson", verspreche ich.

„Warum erst da, Jan?" fragt Stiff.

Meine Erklärung ist einfach und leuchtet jedem ein. „Weil ich eher keinen Vorschuß kriege, Kinder."

Während sie noch an ihrem Essen mit Schweinefleisch herumkauen, rast schon wieder der „Eins O" bei uns rein. „Jungs, los – kommt mit, drei von euch jedenfalls. Drei mit landwirtschaftlichen Kenntnissen aufs Achterdeck!"

„Ist Jolanthe schon wieder los?" frage ich schnell.

„Die Jolanthe diesmal nicht", brüllt der „Eins O", ehe er wieder verduftet. „Aber eine der Kühe sieht Mutterfreuden entgegen! Und ihr wißt doch, was passiert, wenn eine kalbt!"

„Jawohl", sagt Stiff, der Bauernsohn aus Brunsbüttel-koog, und springt auf, „dann kalben sie nämlich alle ..."

Wir haben also einen Neuzugang an Bord. Einen, der noch etwas wacklig auf vier staksigen Beinen steht. Ein kleines Kalb namens Willy I, obwohl es eigentlich ein Mädchen ist.

Alles ist gutgegangen. Und damit war ja noch nicht das Schlimmste überstanden. Das schlimmste ist, daß nun eine Kuh nach der anderen Mutter werden wird. Zum Schluß werden wir zweiundzwanzig kleine Willys an Bord haben! Und das bedeutet: Bordbücher ändern, dazu die Güterverzeichnisse, Frachtbriefe umarbeiten und neu abschreiben – ein Haufen Zusatzarbeit für uns kurz vor dem Eintreffen in Piräus, dem Hafen von Athen!

„Warum", frage ich Stiff, unseren Landwirtschaftsexperten, „warum haben wir denn überhaupt schwangere Kühe mitgenommen?"

„Schwangere Kühe!" Er zeigt gegen meine Stirn. „Trächtige, meinst du! Na, willst du die vielleicht alle zweimal täglich melken an Bord? Ist doch die einzige Möglichkeit, Kühe auf See zu transportieren, indem daß sie trächtig sind!"

„Niederträchtig in diesem Falle", rutscht es mir raus.

Die letzte Nacht vor unserer Landung in Athen haben wir nicht nur genügend Gesprächsstoff, sondern auch alle Hände voll zu tun. Wir werden über Nacht ein richtiges Mutterschiff!

Trotzdem bin ich schon am frühen Morgen wieder auf den Beinen. Ich freue mich auf Piräus, meinen ersten wirklichen fremden Hafen. Ich freue mich auf Athen. Ich freue mich auf Griechenland. Ich schlendere querdecks auf die

Brücke. Ringsherum ist Meer, keine Küste zu sehen, aber trotz des frühen Morgens herrscht schon strahlender Sonnenschein. Ich mache mich an den „Eins O" heran. Seit unserem letzten Gespräch herrscht ein leichterer, etwas vertraulicher Ton zwischen uns.

„Woher wissen Sie eigentlich immer ganz genau, wo wir mit unserem Schiff gerade sind, Herr Schiefelbein?" frage ich ebenso keß wie auch interessiert.

„Ja, sieh mal, Billbusch", erwidert er ziemlich freundlich, „ich habe hier unseren *Sextanten*, nicht wahr? Den setze ich ans Auge. Jetzt messe ich ganz einfach den Winkel zwischen Sonne und Horizont, den kann ich hier ablesen. Und die Uhrzeit habe ich auch hier. Das ergibt 37 Grad 14 Minuten Nord und 11 Grad 22 Ost."

„Errechnen Sie das im Kopf, Herr Schiefelbein?"

„Nein, min Jung!" Er lacht. „Ich habe gerade vor zwei Minuten in einem unserer klugen Bücher nachgesehen!" Er meint es ernst. „Hier! Da gibt's nämlich Tabellen! Für jede Minute des Jahres und für jeden Winkel die genaue Position. So was kann man natürlich auch richtig ausrechnen. Aber das dauert etwas länger. Wir können das schneller machen mit Hilfe dieser Tabellen!"

„Und — nachts?" frage ich stark beeindruckt.

„Nachts schieße ich mit dem Sextanten die Sterne! Polarstern – oder Planeten – helle Fixsterne, je nachdem."

„Und — und bei Bewölkung oder Nebel?"

„Standortbestimmung durch Funkpeilung", antwortet der „Eins O". „Verschiedene Systeme gibt's da. Billbusch. Consol, Decca, Loran. In Küstennähe peilt man mit Radar. Also, keine Sorge, wir wissen immer ganz genau, wo wir gerade sind."

„Und jetzt im Augenblick?" will ich wissen.

Der Erste lacht. „Ganz einfach. Tunis liegt 30 Meilen steuerbord zurück. In zwei Stunden durchlaufen wir die Meerenge zwischen Nordafrika und Sizilien, Marsala – Kap Bon."

„Was bedeutet das für Piräus?"

„Für Piräus bedeutet das, daß wir bald da sein werden. Und für dich, daß du jetzt gehen und die drei Willys waschen mußt!"

Lachend trolle ich mich in Richtung „Kuhstall". Auf dem Achterdeck findet ein richtiges Süßwasser-Waschfestival statt. Alle Jungens sind dabei. Die Kühe und die drei Kälber Willy I, II und III werden geschrubbt. Das Salz der hochgehenden See, das sie besonders in der Biskaya erwischt hat, muß wieder aus ihren Fellen. Zwischen uns allen, Decksmannschaft, Kühen und Kälbern treibt Jolanthe, die Zuchtsau, ihr Unwesen.

Auch das ist Seefahrt. Und – teuere dazu. Denn damit uns die lieben Viecher in guter Erinnerung behalten, opfern wir unser kostbares Süßwasser, das ja an Bord nicht im Überfluß da ist . . .

Piräus

Die „Galata" steuert den Hafen von Piräus an. Die Schlepper nehmen uns an ihre Haken. Langsam, fast feierlich, halten wir Einzug in den großen Hafen von Athen.

Ich stehe auf der Back – dem Aufbau auf dem Vordeck – und staune. Das Panorama der Stadt kommt in Sicht. Weiße Häuser erheben sich in der Ferne vor dunklen Bergen. Dazu grüne Höhen und sanfte Täler. Hoch oben am azurblauen Himmel kurven die Flugzeuge aus aller Herren Länder. Die Riesenjets wirken wie winzig kleine Möwen dort droben auf ihrem Anflug nach Ellenikon, dem Airport der Hellenen von heute.

Antike, geht es mir durch den Kopf. Athen ist geschichtsreiche Vergangenheit und Gegenwart zugleich. Und ich bin gespannt darauf. Gespannter als jemals auf irgend etwas anderes.

Die „Galata" wird ins Hafenbecken geschleppt. Über das Fallreep kommen die Herren vom Zoll und von der Polizei herauf. Dann der Agent der Reederei. Alle begrüßen sich wie alte Bekannte. Ach, wenn ich doch nur selbst schon zur alten Garde der Seefahrt zählen würde . . .

Mein Kapitän übergibt dem Reedereiagenten die Konnossements, die Frachtbriefe, zum Vergleich. Dann kommt der „Eins O" mit dem Stauplan. Schließlich entern griechische Schauerleute das Schiff. Die Deckmannschaft hat inzwischen die Ladebäume klargemacht und die ersten beiden Luken geöffnet.

Die Löscharbeiten beginnen.

José kommt herüber. Gemeinsam legen wir die Lukenabdeckung aus Planen zusammen. „José", frage ich den Spanier, „wie weit ist es wohl von Piräus nach Athen?"

„Na, vielleicht fünfzig Kilometer, Jan!"

Gerade saust Kurt vorbei. „Fünfzig Kilometer nach Athen? Quatsch, Jungens! Zehn Minuten Taxi höchstens. Ist doch alles eine Stadt!"

Ich hole tief Luft. „Dann fahre ich hin, die Akropolis ansehen!"

Stiff hat etwas aufgeschnappt. Ruft herüber: „Was ansehen, Jan?"

„Akropolis, Mensch!" rufe ich zurück.

Und er: „Was ist denn das?"

„Na, dieser Berg da", sage ich vage, „mit den Tempeln von früher drauf!"

„Ach so", antwortet Stiff, „hättest doch gleich sagen sollen! Kenn ich, klar!"

„Wenn man schon mal hier ist", füge ich hinzu, „muß man das ansehen. Komm doch mit, Stiff!"

„Nein, danke. Hab was noch Interessanteres vor!"

Weil gerade Robinson vorbeiläuft, rufe ich ihm nach: „Und du, Robinson, kommst du mit mir zur Akropolis?"

„Wat?" fragt Robinson bloß. „Wat, wat soll ich denn da?"

„Mensch", fährt's mir raus, „ihr Banausen!"

Jetzt bleibt Robinson stehen. „Sage mal, Jan Billbusch, gerade fällt's mir ein: Wolltest du nicht in Piräus einen ausgeben?"

„Okay, Robinson", antworte ich schnell, „wenn du mitgehst!"

„Zu diesen dummen Ruinen, Jan? Aufgemotzte Amerikanerinnen begucken, die Griechen im Fotoapparat begucken, die dummen Ruinen begucken? Hm, weiß nicht! Wieviel gibst du denn aus?"

In dem Moment kommt der Bootsmann vorbeigeschlendert. „Will hier etwa einer von Bord?" fragt er gedehnt. „Damit der das gleich weiß: Kommt überhaupt nicht in Frage! Keiner geht hier von Bord! Wir laufen nämlich um zehn Uhr abends hier wieder aus!"

„Was denn?" entfährt es mir. „Jetzt ist man mal hier – und dann darf man sich nicht mal die *Akropolis* begucken?"

Der Bootsmann ist schon weiter. Aber den Robinson wurmt's noch immer. „Laß deinen Akropo-Otto sausen,

Jan Billbusch", murrt er, „aber einen ausgeben, das kannst
du natürlich. Und das gibt's doch gar nicht, daß wir an
einem Freitagabend schon wieder auslaufen! Das heißt
doch rein das Schicksal herausfordern!"

„Aberglaube, Robinson!" Aber diesmal bin ich selbst
dafür. Aberglaube hin – Alkohol her – ich will und muß
auf die Akropolis! Also los! Ich renne sogleich persönlich
zum Dritten Offizier. „Herr Brehm, Herr Brehm, wie ist
denn das nun? Kann ich nicht mal schnell nach Athen und
mir die Akropolis angucken? Ich muß unbedingt... Ich
möchte so gern..."

„Akropolis – nee, Jan Billbusch. Ist unmöglich, Junge,
wirklich! Hier geht keiner von Bord! Wir löschen bloß
rasch ein paar Maschinen." Er guckt mich an, ich mache
sicher ein ziemlich dummes Gesicht. „Auf der Heimreise
kommen wir wieder hier vorbei", verspricht er. „Vielleicht
klappt's dann, Junge!"

Zum Glück sehe ich den Zweiten Offizier weiter vorn
stehen. Schon bin ich bei ihm. Nur nicht nachlassen! „Herr
Callsen", sage ich und mach's diesmal gleich mit Frechheit,
„will mich nur fix abmelden. Muß unbedingt zur Akropolis!" Und dann füge ich noch eisenfrech hinzu: „Bin da
oben schon angemeldet."

„Hm", macht der Zweite und ist immerhin schon ver-
unsichert. „Tja, weißt du, dafür bin ich nicht zuständig,
mußt mal den Schiefelbein fragen. Vielleicht weiß der
besser Bescheid. Ich weiß nur das eine: Wir haben gar
keine Zeit. Wir müssen morgen früh schon nach Saloniki
und dann zur zweiten Schicht in Volos löschen."

Schiefelbein, denke ich. Der Erste Offizier. Mein „Eins
O". Vielleicht... Rase also hoch zur Brücke. „Herr Schiefelbein, darf ich mal kurz stören?"

Der Erste verhandelt gerade mit dem Agenten. Aber er läßt mich immerhin ranklotzen. „Ist was?"

„Nee", sage ich betont sachlich. „Will bloß mal fix in die Stadt zur Akropolis. Bin aber gleich wieder zurück." So, wie ich das sage, sind das jetzt höchstens nur noch zehn Kilometer.

„Es geht keiner von Bord, Billbusch", sagt der Erste spontan, „kann auch leider gar keine Ausnahme machen, verstehst du!"

„Nee", sage ich. Gucke auf den Agenten, der ein echter Grieche zu sein scheint. „War man ja auch nur wegen der Bildung, Herr Schiefelbein", murmele ich. „In der Schule versuchen die dauernd, einem so etwas nahezubringen, und wenn es einem dann mal wirklich nahe ist, dann kriegt man keine Chance! Pech so was!"

Das zieht schon besser. Der Agent ist fast zu Tränen gerührt. „Sind Sie das erste Mal hier, mein Junge?"

„Jawohl", antworte ich voller Enttäuschung. „Und wer weiß, wann das wieder mal klappt. Schade. Schade um die Akropolis und um Griechenland und überhaupt um alles . . ."

„Hm", macht der Agent. Er sieht den Ersten an. „Ich könnte diesen wißbegierigen jungen Mann mit in die Stadt zurücknehmen, wenn ich fahre. Und wenn Sie gestatten . . ."

„Das wär' ja einsame Spitzenklasse", baue ich noch schnell aus, ehe der Erste antworten kann.

„Na ja", sagt der „Eins O" gedehnt. „Aber, lieber Herr Frangopoulos – auf der Rückreise laden wir hier sowieso zwei volle Tage! Sehr nett von Ihnen und bei aller Liebe zur Geschichte – aber der Junge bleibt hier! Er ist unser Moses, und ein Moses muß ran!"

„Gut", sage ich finster und setze nun alles auf eine Karte. Mal sehen, wie weit die Gemeinheit von denen geht! „Gut, Herr Schiefelbein, wenn das so ist – dann mustere ich eben ab!"

Einen Moment herrscht Schweigen. Dann räuspert sich der Agent. Dann hustet Herr Schiefelbein. Und dann sagt er todernst: „Gut, Billbusch. Wenn du dich das traust! Dann sage das sofort dem Alten! Komm, los, er ist gerade im Kartenraum!"

Na, und da kann ich eben nicht anders.

Gerangel um die Akropolis

Der Kapitän Walter Stüben, nach dem beinahe unsere Kälber benannt wurden, guckt von seinen Karten hoch, als ich hereinkomme. „He, Moses, was gibt's?"

„Herr Kapitän", sage ich und druckse nun doch ganz schön herum, denn so direkt will ich ihm ja nun auch wieder nicht den Stuhl vor die Tür setzen, „Herr Kapitän, ich möchte Sie etwas fragen, waren Sie schon mal auf der Akropolis?"

Eine Weile ist es ziemlich still zwischen uns. Dann räuspert er sich einen Moment. Und dann sagt er: „Ich weiß nicht mehr, wann. Aber einmal in den vierzig Jahren habe ich das doch geschafft. Wieso?"

„Es ist eine Schande", schimpfe ich einfach los. „Da lernt man in der Schule alles aus so einem toten alten Buch. Kommt man nun einmal in seinem Leben fast an die Wirklichkeit heran, dann kriegt man das Ding nicht zu sehen, ums Verrecken nicht . . ."

„Na, höre mal, Moses", unterbricht der Kapitän mein Anklageverfahren leise, „mit dem Verrecken – ist das nicht übertrieben?"

Er lacht. Ich lache. Wir lachen alle beide. Ich komme zurück zum Ersten und sage: „Also, ich kann gehen. Ich soll sogar noch einen mitnehmen – zum Aufpassen und so."

„Zu spät, Billbusch, Herr Frangopoulos ist schon von Bord."

„Ich meine einen richtigen, einen von uns. Jedenfalls meint das der Alte."

„Wer?" fragt der Erste erstaunt.

„Na, unser Alter. Der hat also gesagt, daß ich . . . sofort . . . aber schnell . . . Und ich denke da an den Robinson."

„Der Robinson füttert gerade Jolanthe."

„Er muß mit mir mit!"

„Der Robinson mag doch keine Ruinen!"

„Muß mit mir mit!"

„Der Robinson geht viel lieber in die nächste Kneipe als auf diese Akropolis! Und überhaupt: Hast du nun abgemustert oder nicht?"

„Keine Zeit, Herr Schiefelbein", biege ich ab. „Kann ich jetzt den Robinson holen. Oder irgendeinen anderen. Mir ist es Wurscht. Ich weiß nur eines: Ich muß sofort weg. Um baldmöglichst wieder hier zu sein. Befehl vom Kapitän."

„Donnerwetter, Billbusch", entfährt es dem „Eins O", ehe er weggeht. Und ich kann mich gerade noch ein bißchen landfein machen. Dann muß ich mich schon in der Funkerbude melden, wo ich mein Seemannsbuch und Geld in Empfang nehme und quittiere. Vorschuß: 400 Drachmen, das sind umgerechnet 53,80 Mark.

Um mich herum stehen außer dem Funker noch ungefähr zehn Mann Decksbesatzung, alle ein bißchen verlegen. Man fragt mich, was die Männer alle hier wollen.

Ich zucke mit den Schultern. „Vermutlich mich begleiten. Ohne Begleitung darf ich ja nicht weg von Bord."

José schreit lauthals: „Besichtigung von Akropolis, bitte schön, alle!"

„Nee", sagt der Funker. „Eine Begleitperson. Eine nur. Also, welche?"

Um das Verfahren abzukürzen, zeige ich auf Robinson, der ebenfalls in der Reihe steht. Er lächelt sehr nett und gefällig. Und damit ist er raus aus der Meute.

„Aber passen Sie ja auf unseren jungen Mann auf, Herr Kirchiewski, verstanden? Wir laufen um zehn Uhr aus! Seien Sie ja um acht mit ihm zurück!"

„Die paar alten Steine, die er sehen will", mault Robinson, „die schaffen wir doch schon in den ersten drei Minuten..."

Robinsons Forscherdrang erlischt

Piräus. Hafengewimmel. Menschen über Menschen. Dann die Innenstadt Athens. Ich bin richtig froh, als die Akropolis in Sicht kommt. Robinson deutet auf eine Kneipe. „So, Junge, endlich! Ich habe vielleicht einen Durst!"

„Nachher, Robinson!" entscheide ich. „Erst gehen wir auf die Akropolis."

Ruckartig bleibt er stehen. Sieht mich entsetzt an. „Sage mal, das ist doch 'n Witz, Jan! Du willst doch nicht etwa wirklich da hinauf?"

„Mensch, deswegen sind wir doch hier!"

„Blödsinn, Jan! Deswegen ham se uns weggelassen! Aber hier sind wir, um einen zu heben oder auch mehrere, weil du heute deinen Einstand hier mit mir ausgeben willst und weil . . ."

„Weil ich auf die Akropolis gehe, deswegen sind wir hier, Robinson", falle ich ihm ins Wort, ein bißchen heftig vielleicht für einen Freund.

„Na, schön, dann gehst du eben, Billbusch", gibt sich Robinson seufzend geschlagen. „Aber alleine! Ohne mich, verstehst du! Ich interessiere mich nicht für so 'nen altmodischen Quatsch! Ich will ein Bier!" Kopfschüttelnd sieht er mich an. „Menschenskind, Jan Billbusch, wie glücklich könnten wir zwei sein, wenn du nicht wärst!"

Ich lasse also meinen Freund Robinson in der nächsten erreichbaren Kneipe zurück und gehe allein auf die Akropolis. Ich renne rauf. Ich hab's ehrlich eilig. Ich darf den Robinson schließlich nicht zu lange allein lassen. Diesem überraschenden Einmann-Unternehmen fällt doch immer zu viel ein. Besonders wenn er unbeaufsichtigt umherirrt und keinen hat, der ihn vor sich selbst beschützt.

Eingekeilt zwischen Touristenschwärmen, gelange ich höher und höher. Felsen, geborstene Säulen, Staub – alte Steine. Mehr und mehr verliere ich das schöne Gesamtbild, das ich von unten hatte. Das ich von den schönen bunten Postkarten und aus Büchern kannte. Dies hier ist eine ganz andere Akropolis als die, die ich kenne und die ich kennenlernen wollte . . . Das heißt: Die Akropolis ist ja noch ganz in Ordnung – aber die vielen, vielen Menschen überall. Die stören erheblich! Die Menschen selbst wären vielleicht noch zu ertragen, wenn sie nicht alle ständig fotografieren würden – sich selbst, einander gegenseitig.

Überall bilden sich Knipsgrüppchen. Ich stolpere pausenlos in fremde Einschüsse hinein, störe Neugruppierungen, höre immerzu: „Passen Sie doch auf!" Und das in allen Sprachen der Welt. Und dann das Klicken der Kameraverschlüsse um mich herum – ein einziges Gewitter aus Klick, Klack, Kluck . . .

Ich renne, jage, sause an allen vorbei. Drängle mich durch Menschenleiber, löse Gruppen auf, bringe Fremde einander näher, sortiere die Leute auf der Akropolis auf meiner Schnellbesichtigungs-Sightseeing-Grand-Tourisme-Tour.

Und als ich endlich ganz oben über Athen bin, hocke ich mich einen kleinen Moment auf einen Stein, um Luft zu schnappen.

Ich sehe genau in die Plaka, in die Altstadt von Athen. Sehe die vielen kleinen Cafés, die Tavernen, die Kaschemmen und Spelunken. Trotzdem quält mich ein Gedanke. So toll der Blick auch ist, den ich jetzt auf die weiße Stadt der Hellenen habe, auf die umliegenden Berge, auf das Meer und auf den Hafen von Piräus. Obwohl mein sehnlichster Wunsch jetzt in Erfüllung gegangen ist, einmal auf der Akropolis zu sein, einmal nur, ein einziges Mal. Ich habe nur den einen Gedanken: Was macht jetzt Robinson?

Beunruhigt fahre ich hoch und stürze mich wieder ins Getümmel. Ich renne ohne Pause wieder zur Stadt hinunter. Und ich weiß die ganze Zeit, daß mich auf meinem Marathonlauf Tausende von Menschen für einen ganz und gar gefährlichen Irren halten müssen.

So schnell hat bestimmt noch keiner und auch nicht mal ein sightseeing-gewohnter Amerikaner die Akropolis „geschafft".

Zum Glück, er ist noch da, wo ich ihn zurückließ. Robinson sitzt friedlich vor seinem Bierchen. – Das wievielte? Ich will es lieber nicht wissen. Er strahlt mich an, steht auf, klopft mir auf die Schulter. „Na, endlich, Jan!"

„Schneller konnte ich's beim besten Willen nicht machen", japse ich atemlos.

„Ist schon gut. Du brauchst dich ja nicht zu entschuldigen. Ich habe mich inzwischen nicht gelangweilt! Aber jetzt laß uns gehen!"

„Du, ich habe einen Durst – ich muß unbedingt etwas trinken. Ich . . ."

„Aber nicht hier, Jan. Gehen wir in die nächste Kneipe!"

„Ein Bier, Robinson. Nur ein kleines Bierchen!"

Er zieht mich einfach mit sich fort. „Nun komm schon. Meinst du, ich halt's hier auch nur noch eine Sekunde länger aus?"

Ja, da kann man nichts machen. Nicht jedenfalls, wenn man gerade die Akropolis bewältigt hat, auf welche Weise auch immer.

Ich folge also Robinson für die nächsten zwei, drei Stunden kreuz und quer durch die Kneipenwelt von Athen und Piräus. Und er kennt diese zwei Städte.

Ich bemerke das in jedem neuen Lokal, in dem Robinson freudig als alter Gast begrüßt wird. Von den Gästen, von den Kellnern, manchmal auch von Damen, die dort anwesend sind.

„Hallo, Robinson!" – „Mensch, Robinson ist wieder da!" – „Junge, Robinson, wo hast du bloß diesmal so lange gesteckt! Komm, trink mit uns! Prost, Robinson!"

Prost – Prost – Prost! Tausend Prosts und keine Mahlzeit. „Zeitverlust", sagt Robinson. Solange er noch reden kann . . .

Ich will meinen Bericht kurz machen. Jedenfalls will ich das versuchen. Schon weil er einen peinlichen Inhalt hat.

So nach fünf, sechs, sieben Kneipen hat Robinson einen Mordsrausch. Und ich habe alle meine Drachmen ausgegeben und meine DM auch. Nach einem letzten Blick auf meine Uhr wird auch sie versetzt. Und da ist es bereits halb zehn. Um acht Uhr sollten wir an Bord sein, denn um zehn Uhr läuft die „Galata" aus . . .

Robinson hat mich in etwa sieben Lokale hinein- und ich ihn aus mindestens neun herausgezerrt.

Einmal retten ihn Damen aus meiner gefährlichen Nähe. Später rettet ihn sogar ein Polizist vor mir und will mich verhaften. Aber zum Ende kommt unser Kneipenbummel erst, als Robinson einfach lang hinfällt.

Endlich erbarmt sich unser ein Funkstreifenwagen. Er fährt uns kurzerhand zum nächsten Polizeirevier. In der Ausnüchterungszelle dort schläft Robinson sofort ein. Und ich breche fast zusammen.

„Wir müssen aufs Schiff zurück!" jammere ich den Polizisten vor. „Wir müssen nach Hause! Wir müssen hier raus!"

Es ist bereits zehn vor zehn. An der „Galata" werden jetzt alle Luken zu sein. Die Schlepper festmachen. Gleich heißt es: Leinen los. Alle Kraft voraus und – und – und . . .

„Nun wein man nicht, Junge", sagt einer der griechischen Polizisten auf englisch zu mir. „Jeder hat mal nach einer Zecherei seinen Moralischen. Aber deswegen brauchst du ja nicht gleich völlig durchzudrehen." Und dann gibt er mir noch einen Tip. „Und noch etwas – von wegen du mußt unbedingt an Bord. Spinne hier nicht herum, ja? Das behaupten alle Matrosen, wenn sie bei uns sind . . ."

Die „Galata" ist weg!

Morgengrauen an sich ist schon befremdend. Morgengrau-
en im Hafen von Piräus ist noch unfreundlicher. Morgengrauen im Hafen von Piräus ist am schlimmsten, wenn der
Platz am Kai leer ist, an dem das Schiff lag, das man vor
zwölf Stunden für nur „drei" Stunden verlassen hat ...
Die Hafenstraße ist menschenleer. Bis auf unsere kleine
Gruppe. Sie besteht aus Herrn Frangopoulos, dem Agenten unserer Reederei, aus zwei Polizisten und aus Robinson und Jan Billbusch.

„Die ‚Galata' ist weg", flüstere ich erschrocken Robinson zu.

„Na, logisch", antwortet der bloß. „Ist ja schon zehn
Uhr vorbei."

Nerven hat der wirklich wie Stahltaue! Und wie der
wieder nüchtern geworden ist, bleibt für mich auch ein
Rätsel. Ich begucke mir die Pflaster in seinem Gesicht,
einige davon hat er seinem Freund, also mir, zu verdan-
ken. Aber das stört ihn anscheinend gar nicht.

Die beiden Polizisten begleiten uns mit genau abge-
zählten Schritten bis haarscharf an den Rand der Kai-
mauer, dann verlassen sie uns. Sie haben uns abgeliefert.
Vermutlich ans Meer, dem wir gehören, weil wir von dort
gekommen sind.

„Was geschieht nun mit uns, Herr Frangopoulos?"
frage ich zaghaft.

Der Grieche schüttelt fortwährend seinen Kopf. Er kann
seine Empörung über unser freitagabendliches Verhalten

nicht verbergen. Er deutet auf ein links vom leeren Anlegeplatz liegendes Schiff mit dem schönen Namen „Erika".

„Ich jetzt sprechen mit dem Kapitän von ‚Erika'. Ihr hier warten. Sicher geht in Ordnung. Ihr mit ‚Erika' fahren."

„Was?" rufen Robinson und ich entsetzt. „Mit einem fremden Schiff? Wohin denn? Und überhaupt..."

„Ihr hier *anmustern*", entscheidet Herr Frangopoulos, der uns offensichtlich schnellstens loswerden will. „Ihr zurück nach Hamburg. Ihr nie mehr auf ‚Galata'..."

Und schon läßt er uns stehen und klettert das Fallreep zur „Erika" hinauf.

„Nie mehr auf die ‚Galata'? Das gibt's doch gar nicht", sage ich erschüttert zu Robinson.

Der nickt zuerst nur traurig. „Da siehst du mal, was es alles gibt, Jan! Und schuld daran sind nur diese Blödmänner, die am Freitagabend auslaufen wollen! Das mußte ja schiefgehen! Die Leute werden aber auch nie gescheit! Immer wieder fordern sie leichtsinnig ihr Schicksal heraus!" Plötzlich packt ihn die Wut. „Mensch, Jan, mir ist ja schon viel passiert – aber so was noch nicht! Daß ich achtern ausgesegelt bin!"

„Daß du – was?"

„Achtern ausgesegelt! Rückwärts heraus, verstehst du? Schiff verpaßt! Ist ein ganz seltener Fall! Zum Totlachen!"

„Ja, zum Totlachen für die anderen!" Jetzt werde ich ebenfalls wütend. In dem Moment, in dem der Agent und der Erste Offizier von der „Erika" von oben herabwinken. Wir sollen auf das Schiff. Die können noch zwei Mann brauchen für die ganze Drecksarbeit von Athen bis nach Hamburg. Das ohne Heuer! Ich packe Robinson am Ärmel und dränge: „Komm! Los! Abhauen!"

Und weil er mein Freund ist, trotz der vielen Pflaster in seinem Gesicht oder vielleicht auch gerade deshalb, begreift er sofort, was ich meine. „Jawohl, Jan", sagt er, während wir uns schon in Trab setzen. „Hast ja recht. Nichts wie nach Hause zur ,Galata'!"

Etwas Kleingeld finden wir noch in unseren Taschen. Reicht für den Bus. Für einen von diesen riesigen Überlandbussen, vollgestopft mit Menschen. Arbeiter, Marktfrauen, Landwirte mit Geflügel, drei Ziegen, zwei Katzen, ein Hund. Draußen jagt das Meer vorbei, die Felsen und die Olivenhaine. Schönes Griechenland für Leute, die Zeit haben, hinzugucken. Wir haben leider keine. Wir haben nur Zeit, auf eine fremde Uhr zu schielen. Die eigenen haben wir ja versetzt. Wir können uns nur denken: Lange hält die „Galata" jetzt in Volos wohl auch nicht mehr . . .

Fünf Stunden hocken wir in unserem Überlandbus und jagen unserem Schiff hinterher. Nach Volos. Dreihundert Kilometer von Athen entfernt. Wir sitzen nur da und lassen uns durchrumpeln. Hunger, Riesendurst und ein Kater quälen uns. Ab und zu sehen wir uns an, mein Freund und ich. Einmal beugt sich Robinson zu mir und murmelt: „Kleiner, tut mir leid, in was für eine Lage ich dich da gebracht habe . . ."

„Wieso denn, Robinson", frage ich zurück und versuche zu lachen. „Ist doch nur ein Abenteuer alles, oder? Hast mir doch versprochen: Eine Helgolandfahrt wird es nicht!"

Da lacht mein Freund endlich wieder. So richtig von Herzen und aus voller Kehle.

Irgendwann kommt auch dieser griechische Überlandbus an sein Ziel. Für uns heißt es Volos. Sofort sausen wir raus und suchen den Hafen.

Der Hafen! Der Kai! Und dann – ein erschütternd schöner Anblick: die „Galata"! Sie ist gerade angekommen, macht fest, alle Mann sind an Deck und hart am Schuften.

Von großen Fässern verdeckt, machen wir schnell „Garderobe": Wir ziehen unsere guten Jacken aus, binden die Krawatten ab, krempeln unsere Hemdsärmel hoch. Dann warten wir, bis die griechischen Schauerleute unser Schiff betreten. Lässig mischen wir uns unter sie und gehen, zunächst weitgehend unerkannt, an Bord.

Wir schmeißen unsere Sachen in eine Ecke und stürzen uns sofort auf die Arbeit. Wir schießen Leinen auf, als ob das für uns heute das Selbstverständlichste der Welt sei. Dennoch kriegen wir mit, daß uns ein Teil der Deckmannschaft anstarrt, als wären wir das neunte oder zehnte Weltwunder. Der Bootsmann kommt vorbei, zuckt bei unserem Anblick leicht zusammen, bleibt vor uns stehen und sieht uns erstaunt an.

„Moment mal", sagt er verdattert. „Wo kommt ihr denn her?"

Nur ungern blickt Robinson von seiner schweren Arbeit hoch. „Wer?" fragt er.

„Na, ihr zwei da!" stottert der Bootsmann.

„Wieso?" frage ich ihn erstaunt.

Jetzt nähert sich auch der Erste Offizier und betrachtet uns eine Weile recht nachdenklich.

„Ist etwas?" fragt Robinson scheinbar irritiert.

Der „Eins O" holt tief Luft. „Aber ganz schnell rauf zum Alten!" stößt er hervor.

Wir schlendern gemächlich in Richtung Kapitän. Es ist ein Spießrutenlauf. Wir spüren richtig körperlich, wie uns alle nachstarren.

Als wir später versuchen, genauso gemächlich zurückzuschlendern, stehen die immer noch alle da und gucken. Wir machen uns schweigend wieder an unsere Arbeit. Stiff kommt herüber. Dann José. Dann Kurtchen. Dann noch ein paar. Sie bauen sich um uns auf.

„Na?" fragt einer gedehnt.

„Na? Wieso na?" fragt Robinson ebenso gelangweilt zurück.

„Na, wie war's denn nun auf der Akropolis?"

„Na, dufte natürlich", sagt Robinson lässig. „Nächstes Mal gehe ich wieder rauf. Muß man unbedingt erlebt haben. Aber natürlich — Bildung ist nicht jedermanns Sache. Manche versauern lieber auf'm Schiff."

Stiff deutet auf mein Handgelenk. „Du, Jan, diese Uhr da – die habe ich schon mal gesehen." Er denkt kurz nach. Dann fällt's ihm ein. „Klar, die gehört doch dem Kapitän!"

„Und jetzt habe ich sie!" sage ich trocken.

„Hat er dir die etwa geschenkt, Billbusch?" fragt der Bootsmann.

„Nee, nee – nur geliehen. Weil ich meine eigene ver... verloren habe. Und auch nur bis zur Türkei. Da soll ich mir eine neue kaufen, auf einem Basar."

José reißt seine Augen auf. „Kommst du denn mit bis Istanbul?"

„Klar, ihr braucht doch hier 'nen Moses."

„Und Robinson?" fragt Kurt.

„Der natürlich auch!" antworte ich.

Robinson ergänzt grinsend: „Der Moses braucht doch einen Beschützer."

Jetzt lachen sie alle. Der „Eins O" kommt. „Menschenskinder", sagt er bloß kopfschüttelnd.

Robinson stößt mich an. „Erklären wir's ihnen doch gleich", sagt er lachend. „Die kriegen's ja sowieso mit!" Er blickt sich in der Runde um und verkündet stolz: „Wir sind zwar achtern ausgesegelt. Aber wir müssen nicht abmustern! Wir haben bloß ein Riesendonnerwetter gehabt mit dem Alten!"

Duell mit Jolanthe

Die „Galata" hält scharfen Kurs auf Istanbul. Ich stehe auf dem Peildeck des Schiffes, genau über der Brücke mit dem Kommandozentrum und der Funkstation. Stehe mitten im Antennenwald.

Ich bin prächtigster Laune. Um mich herum herrscht blauestes Mittelmeer. Ich bin so ziemlich der glücklichste Mensch auf hoher See. So lange jedenfalls, bis ich unten auf dem Achterdeck ein wildes Geschrei höre. Ich nichts wie hinunter! Die Boxen mit den Kühen und ihrem Nachwuchs sind inzwischen verschwunden. Aber Jolanthe, die Zuchtsau, ist immer noch bei uns. Und gerade im Augenblick soll sie Gassi gehen. Sie mag aber nicht. Sie hockt in ihrem Verschlag und bockt.

Acht Mann stehen vor ihr und feuern das Borstentier an: „Jolanthe, Jolanthe – raus mit dir!"

Der Bootsmann guckt schon vorwurfsvoll hinüber und mahnt: „Jungens, laßt doch das arme, kleine Tier in Frieden!"

„Sie hat aber heute noch kein Pipi gemacht!" erwidert Robinson. „Und ein bißchen Bewegung tut ihr ganz gut! Was sollen denn sonst die Eber von Zypern denken?"

**Rostklopfen und Streichen.
Arbeiten, die immer warten**

Jack (Mike Tuttlies)
hat sich an Bord geschwindelt

Reger Schiffsverkehr vor Zypern. Im Vordergrund ein Tanker

Die „Galata" an der Pier in Piräus

**Und nichts wie ab
in die Koje, denkt Jan**

**Rast auf der Straße:
Jan, Robinson
und Jack mit Hut**

**Robinson und Ja.
die beiden
Unzertrennlichen
in Athen**

„Wartet, Kinder, wartet!" schreie ich und renne auf die Schweine-Versammlung zu. „Heute bin ich an der Reihe! Gebt mir die Leine!" Die Leine hängt lose aus der Schweine-Kiste. Jolanthe ist also schon angehängt. Nur muß ich sie noch herauslocken. Kleinigkeit!

Ich ziehe und ziehe, aber Jolanthe folgt nicht. Aber dann, als ich eine klitzekleine Sekunde verschnaufe und nicht aufpasse, da rast das Vieh mit einem Affenzahn heraus und rennt mich einfach über den Haufen und prescht auf und davon. Und ich hinterher. Weil ich nämlich immer noch die Leine in den Händen halte...

Die Jagd dauert eine ganze Weile. Jolanthe vorn, ich hintennach und der ganze Verein mit Gejohle hinter uns her! Ich werde von Jolanthe tüchtig herumgezerrt.

„Halte aus, Jan. Ich befreie dich!" Robinsons Stimme klingt dicht in meiner Nähe, aber nicht nahe genug. Meine Freunde versuchen, die verrückte Jolanthe und mich zu umzingeln, von allen Seiten einzukreisen.

So sausen wir kreuz und quer über Deck und durch viele Beine und Hände. Es gibt keinen Halt, weil ich mich rettungslos in die Leine verheddert habe und weder ich von Jolanthe – noch sie von mir loskommt.

Es endet dann sehr plötzlich und ganz undramatisch. Jolanthe hat einfach die Schweineschnauze voll. Sie bleibt mit einem Male so abrupt stehen, daß ich genau auf sie zusause. Dann fallen wir beide hin.

Meine Kameraden kommen heran und befreien uns voneinander. Jolanthe und ich werfen uns einen langen, stummen, vorwurfsvollen Blick zu. Der Bootsmann stemmt seine Arme in die Seiten und meint kopfschüttelnd: „Und so etwas nennt der Billbusch nun langsam und vorsichtig an der Leine spazierenführen..."

Robinson aber schimpft – wobei er mich von oben bis unten abtastet – wie eine Katzenmutter ihr Junges: „Typisch Schweine! Sie müssen sofort ihre Freiheit mißbrauchen!"

In diesem Augenblick verlangsamt die Maschine deutlich hörbar ihr Tempo. Und weil wir alle auf See grundlos veränderten Motorengeräuschen gegenüber sehr aufmerksam sind, fahren wir alle herum. Was ist los?

Wir sehen, die Offiziere versammeln sich auf der Brücke. Der Kapitän telefoniert in den Maschinenraum hinunter. Der Maschinentelegraf wird von „voll voraus" umgestellt auf: „stop".

„He?" wende ich mich an Robinson. „Öfter mal was Neues?"

Er zuckt mit den Schultern. Er sieht genauso verdattert aus wie die anderen rings um mich. Es ist klar: Irgend etwas Unvorhergesehenes muß geschehen sein. Aber was nur?

Wir treiben hilflos auf dem Meer

Im Kartenraum wird die Position des Schiffes eingetragen. Auf der Brücke schießt der Erste Offizier die Sonne mit dem Sextanten und macht die Probe. Der Zweite Offizier übernimmt die Werte und kontrolliert das Besteck. Der Dritte läuft hinunter zum Bootsdeck und schaut durch die Oberlichter hinab in den Maschinenraum. Die gesamte Besatzung des Maschinenraums unter der Leitung des Chief bemüht sich dort um die Maschine – das heißt um den Zylinder Nummer drei.

Dann schwirren die ersten Gerüchte umher: „Die Laufbuchse von Zylinder drei scheint entzwei zu sein. Na, das
ist aber noch besser als ein Kolbenfresser." – „Was immer
es auch genau ist – wir treiben jetzt hilflos im Ozean!" –
„Ja, recht hat er, mit drei Seemeilen pro Stunde nord-
wärts, versetzt durch Wind und Strom, genau auf die Küste
der Insel Lemnos zu . . ."

„Da wollen wir doch aber gar nicht hin", rufe ich und
denke an Istanbul, an die Basars und an meine neue Uhr.

„Die Jolanthe schon", entgegnet Robinson, der als erster
seine alte Kaltblütigkeit wiedergefunden hat. „Die hat's
jetzt anscheinend eilig! Ihre Eber warten schon!"

„Billbusch!" ruft mich in diesem Moment der „Eins O"
auf der Brücke. „Ziehe mal ganz schnell zwei Bälle hoch,
Junge. Zwei schwarze!"

„Okay!" Ich gehorche widerspruchslos. In Notzeiten
müssen Männer unbedingt zusammenhalten. Aber ehe ich
losrase zu dem entsprechenden Mast, frage ich Robinson
schnell noch: „Was bedeutet das denn – zwei schwarze
Bälle?"

„Mist", sagt er seelenruhig und zieht seine Tabakspfeife
aus der Tasche. „Es bedeutet nämlich: manövrierunfähig!"

Robinson ist mir nachgekommen. Jetzt lehnt er sich gegen den Mast und zieht an seiner Pfeife. „Essig mit Istanbul", sagte er zu mir. „Wenigstens für heute abend. Einen
Kolben ziehen, das dauert ein paar Stunden! Selbst wenn
sie sich beeilen. Und wenn es nur das alleine ist, was man
nie weiß."

„Ist ja erst neun Uhr", tröste ich ihn.

„Spät genug. Nachts kommst du in keinen Hafen!"

„Aber wie geht's denn nun mit uns weiter? Irgend etwas
muß doch geschehen. Oder?"

„Eine ganze Menge sogar, mein Freund. Jetzt lösen die im Maschinenraum erst mal die riesigen Schrauben des Zylinderdeckels. Die müssen unten den Kolben ziehen. Und wir hier oben müssen Segel setzen. Damit wir nicht einfach abtreiben. Wir sind jetzt gleich ein Segelboot, Jan Billbusch, da staunste, wat?"

„Da wird wohl doch noch eine Helgoland-Tour draus, Robinson?"

Er guckt mich ernst an.

„Du, das sollte kein Witz sein."

„War auch keiner", antwortet er kurz. „Hab's schon mitgekriegt. Na ...", und er legt seine breite Pranke kurz auf meine Schultern, „mach dir mal keine Sorgen, Kleiner." Er macht seine Pfeife aus und wendet sich in Richtung Bootsdeck. „Komm mit rauf, Jan. Ich habe jetzt Ruderwache."

„Ja, aber was willst du denn steuern – wir treiben doch ..."

„Das ist wieder eine ganz andere Geschichte, min Jung." Er geht zur Brücke. Und ich folge ihm. An der Brücke kontrolliert der „Eins O" gerade das Echolot.

„2430 Meter, Kinder", sagt er, als er uns sieht.

„Schlecht für den Bootsmann", sagt Robinson zu mir. „Nun kann er nicht angeln. Der freut sich doch über jeden Kolbenfresser, wenn's dichter am Land passiert. Da holt der mit seiner Angel Sachen aus dem Meer – ich sage dir! Aber hier in diesem knallblauen Wasser mit zweieinhalbtausend Meter Tiefe ist alles tot! Pech für ihn!"

In dieser Sekunde schrillt die Alarmglocke.

„Mensch, Robinson", sage ich leicht verschreckt. „Heute hat's die ‚Galata' aber in sich! Wären wir nicht auf der ‚Erika' doch sicherer gewesen?"

82

Er gibt mir einen Schubs. „Blödmann. Alarmsignal lang–kurz–kurz–kurz heißt B. Und B heißt Bootsmanöver. Und Bootsmanöver wiederum heißt: Die Gelegenheit ist so günstig, daß der ‚Eins O' gleich eine Notübung machen läßt! In einer Stunde sind wir alle wieder an Bord, und der Kahn ist flott! Die wollen hier bloß in Ruhe ohne uns arbeiten!"

Ich hab Glück. Ich brauch nicht mit zum Bootsmanöver. Hier auf dem Schiff ist es bestimmt spannender als bei der Übung. Hier kann ich lernen. Deshalb bin ich zum ersten Male gern ein Moses, ein Schnellhelfer für jedermann an Bord, der von Auftrag zu Auftrag saust. Dabei bin ich die ganze Zeit über informiert über den Zustand des manövrierunfähigen Schiffes, die Besatzung und alle Instandsetzungsarbeiten.

Im Maschinenraum sind sie soweit, den Kolben des Zylinders zu ziehen. Mit der Laufkatze und den Taljen. Auf der Brücke suchen der Kapitän und der Erste mit ihren Gläsern den Horizont ab. Von der Funkstation wird die Hamburger Reederei verständigt und auch die Reedereiagentur in Istanbul. Zur gleichen Zeit fragt bereits der erste Bergungsschlepper an, ob wir seine Hilfe brauchen.

Als ich wieder auf der Brücke bin, zeigt mir der „Eins O" ein Schiff vor uns. „Siehst du, Billbusch, da kommt schon einer persönlich an."

Der Kapitän neben uns sagt: „Und da ist noch einer! Die hören anscheinend unsere Funksprüche ab! Die kriegen also mit, daß bei uns etwas los ist."

„Der erste Dampfer blinkt sogar", bemerkt der „Eins O".

„Bieten Hilfe – haben SOS empfangen", übermittelt uns der Funker.

„Habt ihr denn SOS durchgegeben?" fragt der „Eins O" unsere Funkstation.

„Nee", lautet die Antwort. „Kein SOS. So weit sind wir doch wirklich nicht!"

Inzwischen kommt noch ein weiterer Bergungsschlepper von Backbord auf uns zu. Mit der Morselampe blinkt er herüber. „Wir retten euch..."

„Nun sagt mal, Kinder", entfährt es dem Kapitän neben mir, „guckt doch mal hin, die wollen unsere Leute aus den Booten retten. Die haben unser Bootsmanöver mißverstanden!" Aber er lacht nicht. Denn dazu ist er einfach zu gerührt. „Sagen Sie den Schleppern herzlichen Dank", befiehlt er den Funkern. „Aber unsere Boote kommen gleich nach Hause. Vorerst ist keine Hilfe nötig! Kleiner Defekt an der Maschine! Wird mit Bordmitteln behoben!"

Er hat nicht die Finte der Bergungsschlepper durchschaut.

Gleichzeitig erfahren wir die Hiobsbotschaft aus dem Maschinenraum: „Sosehr wir uns auch bemühen, der Kolben klemmt und läßt sich nicht so ohne weiteres ziehen..."

Das Abendessen in der Mannschaftsmesse verläuft in mieser Stimmung. Zwar tragen Walter und ich große Steaks auf, aber die schlechte Laune will nicht verschwinden. Nicht nur, daß wir uns diesen Abend zwischen den Basars, Bars und Beizen von Istanbul vorgestellt hatten – wir kommen auch keinen Schritt auf See voran.

Robinson spricht schließlich das aus, was alle anderen nur denken: „Menschenskinder, so 'ne Steaks, solche Riesenapparate..."

„Wo hat er denn die auf einmal her?" erkundigt sich Stiff.

Und José sagt: „Ziemlich verdächtig, oder?"

„Freunde", knurrt Robinson, „hat schon einen Grund, wenn er uns bei Laune halten will! Sieht verdammt mulmig aus! Ich würde sagen: Henkersmahlzeit!"

Das Essen im Salon verläuft auch anders als sonst. Der Kapitän und die Offiziere unterhalten sich gezwungen. Die Salon-Stewards hören beim Servieren eine ganze Menge. Und das wiederum erfahren wir brühwarm in der Mannschaftsmesse: „Der Erste hat gesagt, der Chief vom Maschinenraum hätte gesagt, der Kolben klemmt." – „Der Wetterbericht lautet: Wind gedreht, Süd zu Ost, Windstärke vier bis fünf, es briest aber stärker auf. Die Bergungsschlepper sind noch immer da – die wissen anscheinend, was da auf uns zukommt..."

„Kinder, das ist alles 'ne reine Nervensache", erklärt Robinson.

Und Stiff meint: „Schwimmen können wir doch alle, oder?"

Und José: „Rettungsboote sind auch genügend da. Sogar die Bootsmanöver haben heute geklappt. Also..."

„Und Jolanthe rette ich höchstpersönlich", feixe ich.

„Das haben wir ja gesehen vorhin auf Deck!" rufen sie alle im Chor. „Die bringt zumindest dich schon sicher in ihren neuen Stall."

Die Nacht in Istanbul fällt todsicher aus. Wenn ich Robinson so ansehe, denke ich fast: Wer weiß, wozu das wieder mal gut ist.

Wir treiben noch immer in derselben Gegend. Umgeben von den Bergungsschleppern mit ihren Lampen. Ist schon ganz beruhigend zu wissen, daß man nicht allein durch diese fremden Wasser irrt!

Die ganze Nacht über wird im Maschinenraum hart geschuftet. Die Männer dort versuchen, diesen verflixten verklemmten Kolben zu ziehen. Und von Zeit zu Zeit verspricht der Chief, der Boß vom Maschinenraum, dem Kapitän: „Der Junge kommt bald wieder! Der kommt hoch, der Bursche! Wir schaffen das aus eigener Kraft – nur noch ein wenig Geduld!"

Nun, die haben wir. Bis zum Morgengrauen. Im Morgengrauen fängt es an, kritisch zu werden. Und an Deck heißt es: Alarm! Alle Mann an Deck. Klar bei Anker. Und die Küste ist jetzt schon verdammt nahe – höchstens sechs bis acht Meilen entfernt! Wir müssen ankern!

Der Kapitän ist nervös. Der Erste gibt Befehl, den Backbordanker herunterzulassen. Der Dritte rechnet den Fall aus: acht *Längen!* Das sind 60 Meter.

Einer jubelt auf: der Bootsmann. „Endlich kann ich meine Angeln auslegen!"

Mit einem irren Getöse und vielen sprühenden Funken rauscht die Ankerkette aus. Ein Schlag mit der Glocke – die erste Länge ist draußen. Eine Wolke rosigen Staubs steigt auf.

„Dong" — die zweite Länge. Nach acht Längen hört das Geratter auf, und der Anker hat Grund. Ganz langsam schwenkt die „Galata" herum und legt sich mit der Nase in den Wind.

Besser, als wenn sie auf die Steilküste von Lemnos aufprallt...

„So", sagt der Bootsmann hochbefriedigt. „Jetzt nichts wie raus mit meinem Angelzeug. Die nächsten Tage gibt es Zahnbrassen und Rochen und lauter kleine Haie und andere große Fische!" Er reibt sich die Anglerhände. Er ist glücklich.

Im gleichen Augenblick, als wir die Angel holen, tritt der Chief aus dem Maschinenraum. Er steigt hinauf zur Brücke. Auch er reibt sich die Hände.

„Der wird's doch nicht wohl etwa geschafft haben?" fragt der Bootsmann entsetzt. Er hatte es geschafft...

Im Goldenen Horn

Ich bin gerade in Brückennähe, als der Chief oben zum Kapitän tritt. Die beiden Männer sehen sich an. Sie lächeln beide erleichtert.

„Wir wären fertig, Herr Kapitän", sagt der Chief. „Alles in Ordnung. Es war ein lumpiger Haarriß in der Laufbuchse."

„Ach – und beseitigt?"

„Na ja, sagen wir mal – für die nächsten zehn Jahre wenigstens."

„Große Klasse, Chief", sagt der Kapitän anerkennend.

Wenige Minuten später kommt die Stimme des Ersten Offiziers aus dem Sprechgerät. „Backbordanker – klar zum Hieven!"

Und der Dritte antwortet freudig bewegt: „Anker klar zum Hieven!"

Auf der Brücke legt der Kapitän den Maschinentelegrafen von „stop" auf „langsam voraus". Klingelzeichen. Das Signal wird bestätigt.

Am Manöverstand des Maschinenraums fährt der Chief seine Maschine eigenhändig mit Preßluft aus.

Auf der Back kommt durch die Gegensprechanlage die Stimme des Ersten: „Hiev Anker!"

Und dann die des Dritten: „Hiev Anker!"

Kurt, unser Zimmermann, bedient das Ankerspill. Langsam kommt die Kette wieder hoch. Meter um Meter. Tang hängt daran. Das Schiff macht langsam Fahrt. Und ich hole die beiden schwarzen Bälle wieder ein — endlich.

Draußen kreuzt noch immer einer der Bergungsschlepper.

„Sag ihm, er soll vorausfahren nach Istanbul, Jan!" ruft mir Robinson zu. „Und in allen Kneipen dort Bescheid sagen, sie sollen ein paar schöne Bierchen kalt stellen."

„Ich werd's ihm ausrichten!" rufe ich zurück. „Das ist kein Problem. Aber wer sagt unserem Bootsmann, daß er nun nicht mehr angeln kann . . ."

Istanbul. Gleich ist es erreicht. Erst fahren wir durch die Dardanellen in das Marmarameer. Vor uns tauchen die Kuppeln und Minaretts von Istanbul auf. Hoch über der Stadt die Kuppel der Hagia Sophia. Plötzlich ein rasantes Wendemanöver, dann ein Anlegen gegen die Strömung des Bosporus im Hafen von Galata – einem der ältesten Stadtteile von Istanbul. Und dann: Die „Galata" liegt in Galata!

Wir machen uns bald landfein und Istanbul unsicher. Zunächst mal geht es über die Galatabrücke hinüber ins eigentliche alte Istanbul auf der anderen Seite des *Goldenen Horns*. Wir bummeln durch den Bazar und die Altstadt. Mitten im orientalischen Treiben zischen Robinson, Stiff, José, Kurt und ich erst mal unser kühles Bier. Hm, das schmeckt . . .

In diesem türkischen Kaffeehaus, wo die Alten mit ihrer Wasserpfeife sitzen, taucht Jack, der Weltenbummler, mit seinem Fahrrad auf. Der fährt rund ums Mittelmeer. Er war in Tanger, fuhr an der marokkanischen, algerischen und tunesischen Küste entlang. In Libyen begannen die ersten Schwierigkeiten. In Ägypten setzte ihn ein Fellachenboot nachts über den Suezkanal. Ein lebensgefährliches Wagnis! Die Israelis nahmen ihn auch prompt gefangen, sperrten ihn aber nur einen Tag ein. Dann hieß es „Schalomschalom". Gastfreundschaft!

Den Libanon durchquerte Jack reibungslos. Weniger freundlich war die Aufnahme in Syrien. Drei Wochen in einem syrischen Gefängnis sind eine lange Zeit! Na ja, endlich kam Jack in die Türkei, dieser eigenwillige Typ: halb Gammler, halb Lord, bärtig, recht seltsam gekleidet, ganz bestimmt Engländer. Jack schiebt ein Fahrrad vor sich her. So ein buntbemaltes Monstrum aus den dreißiger Jahren! Er lehnt es an einen Laternenmast inmitten des Basargewimmels, hievt einen schweren Rucksack herunter, auf den der britische „Union Jack" genäht ist, und greift sich einen Stuhl in unserer Nähe.

Er guckt uns alle an. „Sie sind natürlich alle Schweden?" fragt er auf englisch.

Robinson guckt mich an. „Was will er, Jan?"

„Will wissen, ob wir Schweden sind." Ich antworte: „No, Sir, Germans!"

„Oh!" ruft der seltsame Gast erfreut. „Deutsche – das ist gut!"

„Warum ist das gut?" will Robinson wissen.

Stiff wirft ein: „Warum, warum – ist es vielleicht schlecht, Robinson?"

„Quatsch!" widerspricht Robinson. „Aber warum soll es gut für ihn sein?"

„Nun wartet doch mal, Freunde!" unterbreche ich diesen vagen Wortwechsel. Ich mustere den Neuen genauer.

„Sie sind vermutlich Engländer?" frage ich ihn.

Gleich fällt mir Robinson ins Wort. „Kiek mal, unser Lütten, unser Moses, wie der gleich wieder perfekt ausländisch und so . . ."

„Schnauze, Robinson", sage ich ärgerlich zu meinem besten Freund. Das hilft.

Vermutlich ein Türke, ein Einheimischer jedenfalls, schleicht sich gerade erfolgreich an unseren Tisch. Er blickt sich dreimal geheimnisvoll um. Seine Hände fischen mehrere Armbanduhren aus seiner Tasche, was mich sofort unangenehm an Athen erinnert. Und ausgerechnet mir hält er die Dinger auch noch unter die Nase.

Stiff ruft: „Du, kaufe hier bloß nichts auf der Straße, Jan – hier ist alles geklaut!"

„Quatsch – geklaut", sagt Robinson. „In der Türkei klaut keiner!"

„Herrliche Uhren, Sir", schwärmt indessen der Händler, echt Gold, Schmuggelware – sehr billig!"

Ich gucke ihn an. „Wieso denn Schmuggelware? Woher denn? Wer schmuggelt denn Uhren in die Türkei?"

Der Händler lächelt. „Hier, sähr gute Uhr das, für Sie nur einhundertzwanzig Dollars!"

„Hundertzwanzig Dollar", wiederhole ich sauer. „Sie ham wohl 'ne Meise!" Und dazu sage ich lässig: „Eigentlich hab ich ja eine Uhr. Und sogar eine vom Kapitän."

Worauf der Händler listig fragt: „Ach, deutscher Mann?"

„Warum?" will Robinson wissen.

Der Händler lächelt. „Na, dann kostet ihm der Uhr natürlich nur einhundert Dollar!"

Jetzt bin ich mal ganz frech. „Fuffzig DM biete ich. Und kein Stück mehr!"

Der Händler nimmt eine der beiden Uhren weg und läßt die andere vor meinen Augen hin und her baumeln. „Diese eine Uhr hier – fünfzig." – Er lacht. „Aber – Dollars, verstehn?"

„Interessante Gewinnspanne", fällt Robinson ein. „Diskontkauf! Hundertzwanzig – hundert – fünfzig – alle Ebenen vertreten – Dollar bis Deutsche Mark!"

In diesem spannenden Augenblick schaltet sich der Mann mit dem Fahrrad ein. „Ich heiße Jack", sagte er in seiner Muttersprache zu mir. „Sind Sie wirklich an Uhren interessiert, oder tun Sie nur so?"

„Ich könnte schon eine brauchen", erkläre ich ihm. „Aber vielleicht nicht so schnell. Grundsätzlich jedoch . . ."

„Okay", sagt Jack. „Dann laß mich mal machen, mein Freund." Und er fängt plötzlich an, mit dem Händler türkisch zu reden.

Ein irrer Wortwechsel beginnt, ein offener Streit scheint auszubrechen. Jack springt hoch, beschimpft anscheinend den anderen. Der Türke brüllt zurück. Sie scheinen gemeinsame Erinnerungen auszutauschen – an Dinge, die ziemlich schrecklich gewesen sein müssen. Ihre Beschimpfungen betreffen sogar noch das letzte und vorletzte Glied ihrer Familien. Sie reden sogar über die eigenen Großväter, und siehe da – schon die haben sich gegenseitig beleidigt!

Längst drängen sich Leute um unseren Tisch. Schon mischen sich fremde Stimmen ein. Ich erwarte bereits wieder den Funkstreifenwagen. Sehe uns alle schon auf der nächsten Polizeiwache.

Plötzlich und völlig unerwartet herrscht Stille. Der Händler nickt ergeben. Und Jack, der Engländer mit dem Fahrrad, überreicht mir – zwei Uhren . . .

„Hier", sagt er. „Alle beide. Für 20 Dollar."

„Mensch!" Ergriffen sage ich nur dieses Wort. Und dann endlich: „Aber, Jack, ich besitze keine Dollars! Hab nur DM!"

„Dann warte noch einen Augenblick", sagt Jack, natürlich wieder auf englisch. Er gibt die beiden Uhren zurück, beginnt von neuem zu handeln. Mir wird bei dem Redeschwall allmählich schwindlig. Es geht ziemlich lebhaft hin und her. Mal hat Jack die Uhren in Besitz, mal hat sie der Händler.

Endlich findet die Szene ein Ende. Jack hält die beiden Uhren in der Hand. Er reicht sie mir. „Alle beide", sagt er lächelnd. „Für 20 DM."

„Menschenskind", entfährt es mir wieder. „Wie hast du denn das gemacht?" Ich vergesse, englisch mit ihm zu reden, aber der Engländer versteht plötzlich auch Deutsch.

Jack lacht bloß. „Ganz leicht. Eine Uhr kostet fünfzig Dollar, hat er gefordert. Zwei Uhren zwanzig DM. Ich habe den Grossistenpreis verlangt! Und er mag eben sein Gesicht nicht verlieren!" Jack zuckt mit den Schultern. „Nur eine Prestigeangelegenheit!" sagt er. Wir sehen dem Händler nach, der gerade verschwindet. Der scheint trotz Jacks Handel immer noch sein Schäfchen ins trockne gebracht zu haben.

Ich bin immer noch verblüfft. „Dabei wollte ich doch nur eine Uhr ..."

„Hör zu, Jan Billbusch", sagt da weise Robinson zu mir. „Nimm alle beide für dein Geld, ja? Wer weiß, wann ich mal wieder eine brauche zum Versetzen!"

Ich bestelle für Jack, der vielleicht ein Hippie ist oder auch nicht, sofort einen Gin-Tonic. Er trinkt ihn aus, steht auf. „Okay, zeigt ihr mir jetzt euer Schiff?"

„Gut, Jack", meint Robinson. „Aber erst müssen wir noch zahlen."

„No, no", sagt Jack lächelnd und winkt dem Kellner. „Das erledige ich. Ich habe nur einen Wunsch dafür: Ich möchte euer Schiff sehen."

„Okay", stimmt Stiff zu und erhebt sich sofort. Und wir anderen natürlich alle mit. Für zwei preiswerte Uhren und alle Getränke gratis, da kann man einem Hippie wohl schon mal sein Schiff zeigen!

Unser neuer Freund Jack ist gerade auf Weltreise. Einmal rund ums Mittelmeer. Das wär' ja noch nicht so schlimm. Aber er macht's mit dem Fahrrad. Und seine Wette gilt: kein Stück fahren, fliegen oder sonstwie transportieren lassen. Immer radeln, brav strampeln, feste zutreten. Nur dann entspricht die Reise seinen Vorstellungen.

Vor zwei Monaten hat er angefangen. In Marseille. Jetzt ist er in Istanbul gelandet, alles per „Trampeltier". Und zwischendurch handelt er mit allem möglichen und schreibt Geschichten für einige englische Zeitungen. Er ist wirklich eine dufte Type!

Jacks lebensgefährliche Zigarre

Wir nehmen ihn also einfach mit an Bord, weil er sich das verdient hat. Sein Fahrrad lehnt so lange draußen am Fallreep, wo unsere Schauerleute arbeiten. Gleich die erste Begegnung wird kritisch. Wir treffen den Dritten Offizier.

„Was will denn der Langhaardackel an Bord?" fragt der Dritte auch sofort mißtrauisch.

„Das ist Jack", stelle ich vor. „Der möchte nur mal das Schiff besichtigen."

„Das könnt ihr doch nicht machen! Wir sind doch hier kein Musikdampfer! Wenn irgendwas passiert — der Herr ist nicht versichert. Sofort haben wir die Berufsgenossenschaft am Hals, also hopp-hopp, Freunde, zurück mit ihm . . ."

Jack raucht in aller Seelenruhe seine Zigarre. Der Dritte wird ganz rot im Gesicht vor Wut. Er poltert los: „Wir sind hier nicht auf einem Vergnügungsdampfer!"

Ich stoße meine Freunde an und flüstere: „Wartet hier auf mich, bin gleich wieder da."

Ich laufe geradewegs ins Kartenhaus zum Kapitän und lege ihm seine Uhr auf den Tisch. „Vielen Dank, ich brauche sie nicht mehr. Ich habe endlich wieder eine eigene. Also, eigentlich zwei."

Der Kapitän guckt mich von der Seite an. „Wie ich dich kenne, Jan Billbusch, ist das wieder eine eigene kleine Story, oder?"

„Aye, aye, Sir!"

„Die erzählst du mir bei Gelegenheit, wenn mal wieder an Bord Ruhe herrscht."

„Gibt es das denn, Herr Kapitän?"

Er lacht und gesteht ein: „Selten! Aber wenn, dann schon Friedhofsruhe!"

Auf dem Achterdeck treffe ich meinen Freund Robinson. Er erscheint etwas aufgeregt. Und mit Recht. „Du, Jan, stell dir vor, Jacks Fahrrad ist weg!"

„Was? Jacks Fahrrad ist weg? Und wir haben's doch noch extra unten ans Fallreep gelehnt, wo die vielen Schauerleute sind, und wo keiner . . ."

„Ja, es ist aber weg! Das olle bunte Ding da aus England. Stand zuletzt unten am Fallreep. Und ist nun weg. Und er ist ganz verzweifelt, unser armer Hippie."

„Wo steckt er denn jetzt?"

„Wer, Jan?"

„Na, unsere Type, unser Engländer, der Hippie, eben Jack?"

„Sucht sein Fahrrad natürlich! In ganz Istanbul. Er kennt ja tausend Leute."

„Hm, und wie kommt er nun weiter ums Mittelmeer?"

„Tja", sagt Robinson und saugt an der Zigarre, die ihm Jack vorhin geschenkt hat, „weiß auch nicht. Ich habe aber mitbekommen, daß die Decksmannschaft anfängt, die Luken zu verschalken."

Tja, so ist das also. Wir hauen hier bald ab. Die „Galata" dümpelt in Richtung Zypern. Es geht weiter, weiter, weiter. Sau Jolanthe kommt ihrem Liebesziel immer näher. Schön für sie. Sie hat allen Grund zur Freude. Für andere ist die Fahrt nicht so schön. Für Leute wie mich beispielsweise. Mir tut Jack noch immer leid wegen des verlorenen Fahrrades – vor allem, nachdem er für mich so viel getan hat, ohne irgend etwas davon zu haben.

Ich treffe Stiff. „Hast du schon Robinson gesehen?"

„Ist es schon nach zehn Uhr?" fragt Stiff zurück.

„Gerade jetzt, Stiff."

„Dann ist er auf Freiwache." Er hebt seine Schultern. „Vielleicht aber auch auf seiner Kammer, Jan."

Ich „entere" also Robinsons Kammer. Er liegt lang in seiner Koje und liest. „Komm nur rein, Jan!" sagt er.

„Du, Robinson, ich habe das Fahrrad", verkünde ich geheimnisvoll.

„Was für 'n Fahrrad?"

„Na, Mensch, das von Jack! Es ist an Bord. Ich hab's gesehen! Verrückt, nicht wahr? Sein Fahrrad ist hier – und wir sind auf See. Jack läuft sich jetzt in Istanbul die Beine aus dem Leib nach seinem Fahrrad . . ."

„Wo hast denn das gefunden?" fragt Robinson seltsam uninteressiert.

„Im Kabuff vom Blitz, also in der Elektrowerkstatt in einem der Windenhäuser. Der Kurt weiß von nichts. Habe schon mit ihm gesprochen."

„Hm", macht Robinson nur.

Ehe wir weiterreden können, klopft es kurz an die Tür. Dann steht Kurt in Robinsons Koje. „Also", sagt er ärgerlich, „bei mir bleibt das Ding nicht! Ihr wißt ganz genau, was für einen Ärger man dadurch kriegen kann. Der Dritte sucht doch immer alles ganz genau nach blinden Passagieren ab. Und wenn der das bei mir findet . . ."

„Du hast doch aber bloß das Fahrrad und nicht auch noch gleich den Hippie an Bord", sagt Robinson ungerührt. „Und im übrigen: Schmeiße es doch einfach über Bord, Kurtchen!"

„Nee, Freunde", widerspreche ich. „So was können wir nicht machen. Das Fahrrad gehört immerhin dem Jack. Auch wenn der nicht mehr in der Nähe ist." Ich muß die beiden beschwören. „Laßt es liegen, laßt es einfach mal liegen . . ."

Ich habe da plötzlich so eine Idee. Aber die ist einfach zu unausgegoren, um mit den beiden darüber zu sprechen. Eigentlich ist es auch mehr ein Verdacht.

„Tschüß, bis später!" verabschiede ich mich kurz.

Am Bootsdeck schleiche ich um das eine Backbordboot. Kontrolliere die Verschnürung. Versuche, durch einen

Ritz hineinzuschauen. Nichts! Beim anderen Boot genausowenig. Hm. Ich gehe hinauf zur Brücke.

Auf der Brücke pirsche ich mich an den Dritten Offizier heran, der auf der Nock steht und Ausschau hält.

„Darf ich Sie mal was fragen, Herr Brehm?"

„Klar, Billbusch."

„Haben Sie schon mal einen blinden Passagier gehabt?"

„Ja, in Izmir hatte ich mal einen."

„Und? Was ist mit dem passiert?"

„Wir waren schon rund zweihundert Meilen weg von Land, als ich den entdeckte."

„Und?"

„Der Junge besaß keine Ausweispapiere. Wir mußten also zurück in den alten Hafen. Das waren siebzehn Stunden. Eine schöne Bescherung! Ansteuerung, Anlegen, Formalitäten, Riesenzirkus und so. Und dann wieder zweihundert Meilen zurück. Das sind drei Tage. Das sind zwölftausend Mark Schaden für die Reederei – und eine Menge zusätzliche Arbeit für die gesamte Mannschaft, ist ja klar!" Er lächelt ein bißchen, weil's lang her und auch vorbei ist. „Seitdem suche ich vor jedem Auslaufen das Schiff genau ab."

„So etwas kann Ihnen also nicht mehr passieren?"

Er zuckt mit der Schulter. „Man weiß nie . . ."

„Wie viele Schlupfwinkel gibt's denn so?"

„Viel zuviel! Jeder kann sich einen anderen ausdenken. So ein Schiff hat zu viele Möglichkeiten zum Versteckspiel." Plötzlich stemmt er seine Arme in die Seiten. „Sag mal, Jan Billbusch, warum eigentlich diese Fragen?"

„Ach . . .", antworte ich bloß matt.

„Hör mal zu, mein Freund", sagt der Dritte auf einmal etwas schärfer, „wer einen an Bord bringt und versteckt, der kann gleich selbst abmustern. Der kommt zurück nach Hamburg, und da kann er es vielleicht noch mal versuchen. Aber bestimmt nicht mehr auf unserer Linie. Ganz bestimmt nicht."

Ich sehe hinunter aufs Vordeck. Robinson geht gerade dort vorbei. Etwas ziellos, wie es mir vorkommt. Und – wieder mit einer Zigarre, obwohl ich doch ganz genau weiß, daß er Pfeife raucht, wenn überhaupt ... Ich sehe schnell den Dritten an. „Danke! Waren ja bloß so ein paar lockere Fragen für meine Neugier! Mich interessiert hier eben alles!"

Gerade will ich den Niedergang zum Bootsdeck hinunter – da geht die Sirene! Der Dritte Offizier stürzt hart neben mir vorbei auf die Brücke. Der Erste rast von irgendwo dazu. Das Rauchmeldegerät der Laderäume hat Alarm geschlagen.

Der „Eins O" schreit: „Luke drei – ja, Luke drei brennt – die Baumwolle!"

Der Dritte gibt sofort Feueralarm. Feuer im Vorschiff! Einzelschläge mit der großen Schiffsglocke!

Und der „Eins O" rennt zum Telefon. Ruft den Maschinenraum an: „Luke drei Rauchmeldung. Aber an der Düse ist nichts zu sehen. Macht sofort die Kohlensäure klar!"

Er kommt in Richtung auf mich zu, fällt fast über mich. „Was machst du denn hier, Billbusch? Hast du die Feuerlöschrolle nicht kapiert? Also, wo ist dein Platz?"

„Ja, schon – aber sagen Sie mir eins, spricht das Gerät eigentlich auch an, wenn einer bloß daliegt und – sagen wir, Zigarren raucht?"

Der Dritte kommt hinzu. „Ihr habt hier einen ernsten Diskussionsabend, ja?" fragt er verärgert.

Ich blicke ihn scharf an. „Ich möchte nur wissen, ob der Alarm auch ausgelöst wird, wenn einer da unten in aller Ruhe vor sich hin pennt und bloß vergessen hat, seine Zigarre zu löschen und ..."

„Ach, komm!" sagt der Dritte zum Ersten. „Hör doch nicht hin, wenn dieses Baby da quasselt! Dieser Moses macht einen ja glatt wahnsinnig! Also, seid ihr fertig mit der Kohlensäure? Drei Flaschen parallel! Okay, genügt!"

Ich baue mich vor den beiden auf. „Wenn ihr diese Kohlensäure aufdreht ist der Kerl hin", sage ich so langsam, wie ich nur kann. „Dann habt ihr eine echte Leiche an Bord. Ich weiß, daß er da ist, weil sein Fahrrad auch an Bord ist. Natürlich kommt er schneller voran auf seiner Mittelmeerreise als bloß per Fahrrad, wenn er bei uns auf Deck radelt, ist doch ganz klar! Auf diese Weise kommt er schneller um die ganze Erde!" Die gucken mich vielleicht an. Alle beide, Erster und Dritter.

„Hör mal", sagt nach einer Weile der Erste leise. „Und wenn hier das ganze Schiff abbrennt. Wovon sprichst du eigentlich, Jan Billbusch?"

Und der Dritte fällt ein: „Der Junge weiß irgend etwas! Vielleicht von einem blinden Passagier mit Fahrrad, der Zigarren raucht, irgendwo ..."

„Und den wir killen, wenn wir diese Kohlensäure aufdrehen", fällt der Erste ein. „Wenn ihn nicht vorher der Feuerlöschstoßtrupp entdeckt hat."

Plötzlich sehen sie mich beide an. „Jan Billbusch", sagen sie fast einstimmig. „Was weißt du?"

Ich sage ihnen, soviel ich kann. Ich habe ja nur eine Idee, einen kleinen Verdacht. Er reicht aber auch schon so für eine kleine Schiffs-Staatsaktion.

Alarmeinsatz

Das Vordeck. Dicke Schläuche werden ausgerollt. Vier Mann kommen mit Schaumlöschern.

Auf dem Zwischendeck zwängt sich inzwischen der Feuerlöschstoßtrupp an den Baumwollballen vorbei zum Kontrollgang. Dort liegt im Licht einer aufflammenden Taschenlampe Jack, der Weltenbummler, in einem Schlafsack. Der Bootsmann nimmt als erster seine Rauchmaske ab. Kein Rauch weit und breit. Bloß so ein bißchen Zigarrenqualm.

Aber genau unter der Düse des Rauchmelders.

„Menschenskinder", sagt der Bootsmann und schnuppert. „Das gibt's ja gar nicht. Das ist ja 'ne richtige anständige Brasil."

Wie so was eben ausgeht: Vordeck. Wir alle angetreten, der Jack dazu. Es ist wie bei einer Gerichtsverhandlung. Jack erscheint mit Gepäck und Fahrrad. Er fürchtet sich nicht im geringsten, im Gegenteil – freudig winkt er hinauf zur Brücke. Auf der Brücke steht der Dritte und – ich.

Der Dritte brüllt runter: „Komm, mach los! Und bedanke dich erst mal bei unserem Moses! Um ein Haar wär's aus gewesen mit dir! Der Junge hier, der Jan, er hat dir vielleicht das Leben gerettet!"

Inzwischen überreicht auf der Brücke der Erste Offizier dem Kapitän die Papiere von Hippie Jack. „Scheint alles in Ordnung. Richtige Papiere. Und der hat sogar ein Visum für Ägypten und für Libyen."

Der Kapitän guckt zu Jack runter. „Und wohin darf denn nun die große Reise gehen?"

„Nur bis Italien, Herr Kapitän", sagt Jack bescheiden.

„Pech, mein Herr. Unsere Route läuft westwärts – Zypern und dann schnurstracks bis Hamburg."

Jacks Stimme klingt enttäuscht: „Legen Sie denn gar nicht in Italien an?"

„Nee, min Jung", sagt der Kapitän bedauernd.

„Wissen Sie, Herr Kapitän", sagt Hippie Jack plötzlich ziemlich leise, aber das ganze Schiff kann ihn trotzdem verstehen, „wissen Sie, ich wollte nicht über Griechenland. Diese neue Regierung hätte mir sicher die langen Haare abschneiden lassen."

„Wenn Sie nach Hamburg mitradeln wollen, kein Problem", entscheidet der Kapitän. „Bloß, wie verrechnen wir diese Reise? Ich meine, außer mit Radeln?"

„Mit Arbeit natürlich!" sagt Jack entwaffnend lächelnd.

„Was können Sie denn?" fragt der Kapitän.

„Alle Sorten Tricks! Zaubereien! Magische Sachen! Sie werden den Himmel auf Deck haben!" Und Jack fängt schon an. Pingpongbälle sind plötzlich da und vermehren sich! Überall sprießen Seidentaschentücher hervor! Und es qualmt schon wieder eine dicke Zigarre aus Jacks Mund, aber nicht lange.

„Entschuldigung", sagt er und fischt sie schnell heraus.

„Können Sie außerdem auch noch was Richtiges?" fragt der Kapitän.

„Ich könnte es zumindest versuchen", sagt Jack.

Da mischt sich auf einmal der Bootsmann ein: „Ich könnte mir zumindest denken, daß ich ihn brauchen könnte..."

Damit ist der „Fall Jack" auf der „Galata" erledigt. Der junge Engländer darf mit bis Hamburg. Mitsamt seinem Fahrrad und allen seinen Tricks.

Und tatsächlich: Gleich in den nächsten Stunden macht er sich an Bord nützlich. Beim Schrubben, Rostklopfen, Malen und Teeren. Überall, wo es am dreckigsten zugeht, ist er dabei – mit Lächeln und Humor und verdammt guter Laune. Und natürlich auch immer ein bißchen mit Zauberei.

Am nächsten Morgen treffe ich Robinson wieder mal allein. „Hör mal zu, was ich dich schon lange fragen will – du hast doch gewußt, daß wir Italien gar nicht anlaufen!"

„Klar, Jan. Aber ich mag seine Zigarren. Und da . . ."

„Du — Schwein", sage ich, aber nur zum Spaß.

„Apropos: Schwein. Weißt du eigentlich, daß wir heute auf Famagusta anlegen? Zypern? Und daß Jolanthe uns verläßt?"

„Ja", sage ich bedauernd. „Meine beste Freundin geht."

„Du hast ja noch einen Freund", sagt Robinson.

Und dann sehen wir alle zu, wie Jack mit ein paar Pinselstrichen auf den bleichen, borstigen Bauch unserer geliebten Sau Jolanthe eine wunderschöne Pop-Rose zaubert. Und als Jolanthe uns in Famagusta verläßt, bläst Jack sogar auf seiner kleinen Trompete ein Abschiedslied.

Auch das lernte Jan Billbusch...

Brückennock: Ein Nock ist in der Seemannssprache das äußerste waagrecht oder schräg stehende Ende eines Rundholzes. Das Brückennock ist das äußerste Ende der Kommandobrücke.

Fieren: Man läßt ein Tau von der Trommel oder von der Hand ablaufen (auch „lose geben").

Feuerschiff: als schwimmendes Seezeichen dienendes bemanntes Fahrzeug. Es ist an wichtigen und gefährlichen Stellen verankert, wie z. B. die drei Feuerschiffe in der Elbmündung vor Hamburg. Die Feuerschiffe sind grellrot angestrichen und durch Signalkörper an den Masten und ein Leuchtfeuer auf einem Turmmast gekennzeichnet.

Reling: ist das hölzerne, heute zumeist eiserne Geländer um die freiliegenden Decks.

Seemannsschule: Im Küstengebiet der Bundesrepublik gibt es über ein Dutzend Fachhoch- und Fachschulen für Seefahrt. Wer Matrose, Bootsmann oder gar Schiffsoffizier werden will, der muß immer eine Lehrzeit und oft einen Schulbesuch auf sich nehmen. Doch wer sich nicht auf eine bestimmte Laufbahn und für immer auf den Seemannsberuf festlegen möchte, der kann auch als Decksmann und Deckshelfer sofort an Bord zupacken. Die Seemannsschule besuchen angehende Matrosen und Männer für den Deckdienst. Die Seefahrtschule besuchen vor allem zukünftige Nautiker und Funker.

Lee: Windschattenseite. Seemännischer Ausdruck für die Seite, nach der der Wind weht, hier also die vor Wind geschützte Seite des Schiffes, auf der zumeist auch weniger Seegang herrscht.

Kreiselkompaß: Kompaßart, besonders für die Seefahrt geeignet, da er keine Schwierigkeiten mit dem Erd- und Schiffsmagnetismus kennt. Der Kreisel rotiert mit etwa 20 000 Umdrehungen in der Minute. Prinzip: Die Achse des Kreisels hält die einmal eingestellte Richtung bei.

Logbuch: das gesetzlich vorgeschriebene Schiffstagebuch, in das alle für die Seefahrt wichtigen Beobachtungen, aber auch Vorkommnisse eingetragen werden. Ähnliches ist auch in der Luftfahrt üblich.

Törnen: einmaliges Umwickeln einer Leine um einen Gegenstand, aber auch im übertragenen Sinn für eine bestimmte wiederkehrende Zeitspanne, daher: Wache törnen, eine Schiffsschraube törnt (vertörnt = verwickelt, Törn = Rundreise).

Leichter: kleines, meist offenes Fahrzeug ohne eigenen Antrieb, das zur Übernahme der Ladung aus einem großen Schiff dient (von lichten = entladen).

Affenfelsen: Der Felsen der britischen Kolonie Gibraltar ist der einzige Ort in Europa, an dem Affen frei leben. Sie wären schon längst ausgestorben, würden die Engländer den Affenbestand nicht immer wieder ergänzen. Ein alter englischer Spruch sagt: Solange die Affen auf dem Felsen herumklettern, wird auch dort die britische Fahne wehen.

Rostklopfen: Rostklopfen ist eine wichtige Tätigkeit an Bord. Die ständig feuchte Luft und das salzige Seewasser greifen den Schiffskörper an. Die Matrosen verbringen daher viel Zeit mit dem Abklopfen des Rostes und Streichen (neue „Maling").

Piräus: Hafen unterhalb der griechischen Hauptstadt Athen und Haupthafen des Landes, durch eine Schnellbahn mit dem Stadtkern verbunden.

Sextant: ein Winkelmeßgerät, in der Schiffahrt zur Navigation notwendig (Höhenwinkel von Sonne und Sternen, Horizontalwinkel von Küstenobjekten).

Akropolis: eigentlich eine altgriechische Bezeichnung für die stark befestigte Burg jeder Stadt, heute vor allem Name der Burg mit ihren kostbaren Baudenkmälern über Athen.

Anmustern: Annahme einer neuen Stelle durch einen Seemann, die vom Seemannsamt bestätigt wird. Damit gilt eine unverweigerliche Gehorsamspflicht gegenüber dem Kapitän. Nichtantritt des Dienstes und Entweichen stehen sogar unter Strafe.

Goldenes Horn: Name für die Hafenbuchten vor allem von Istanbul (aber auch vom sowjetischen Wladiwostok).

BRUNO HAMPEL

Fußballtrainer Wulff

Eine Mannschaft kämpft gegen den Abstieg

Erst fünf Monate in der Bundesliga. Der Abstieg steht
vor der Tür. Da muß Fußballtrainer Wulff her! Kein Zau-
berer, aber ein harter und fairer Bursche. Doch auch
seine Bundesliga-Stars sind keine Fußballmaschinen!
Da haben Spieler Sorgen: Immer Ersatzmann sein.
Schlechte Freunde. Ungewisse berufliche Zukunft. Die
Entscheidung kommt. Und die hängt nur von einem
einzigen Elfmeter ab!

FRANZ SCHNEIDER VERLAG